职业教育理论与实践探索

杨晓光 著

全国百佳图书出版单位 吉林出版集团股份有限公司

图书在版编目（CIP）数据

职业教育理论与实践探索 / 杨晓光著. -- 长春：吉林出版集团股份有限公司, 2024.3
ISBN 978-7-5731-4711-0

Ⅰ.①职… Ⅱ.①杨… Ⅲ.①职业教育-研究 Ⅳ.①G71

中国国家版本馆 CIP 数据核字（2024）第 060891 号

ZHIYE JIAOYU LILUN YU SHIJIAN TANSUO
职业教育理论与实践探索

著：杨晓光
责任编辑：朱　玲
封面设计：冯冯翼
开　　本：720mm×1000mm　1/16
字　　数：190 千字
印　　张：10
版　　次：2024 年 3 月第 1 版
印　　次：2024 年 3 月第 1 次印刷

出　　版：吉林出版集团股份有限公司
发　　行：吉林出版集团外语教育有限公司
地　　址：长春市福祉大路 5788 号龙腾国际大厦 B 座 7 层
电　　话：0431-81629929
印　　刷：三河市金兆印刷装订有限公司

ISBN 978-7-5731-4711-0　　定　价：60.00 元
版权所有　侵权必究　举报电话：0431-81629929

前言

经过几十年的发展，职业教育在中国已经形成了相对完善的体系。从教育内容层面看，与普通教育相比，国家对职业教育的定位比较明确，职业教育更加侧重受教育者就业和技能水平的提升，通过理论知识灌输和技能培训手段，使受教育者获得就业的必备素质，从而满足其就业和岗位需求。职业教育是中国教育体系的重要组成部分，对培养社会应用型人才与专业人才有着直接的作用。不过，随着教育改革的逐步深化，职业教育也开始面临新的机遇与挑战。高等教育的普及化与高校的扩招使职业院校陷入了规模缩小、生源较少的困境。怎样突破职业教育发展的困境，使其获得新的发展，是职业教育工作者需要不断探索的问题。

尽管职业教育已经呈现出一派繁荣发展之象，但它仍然存在不足，主要表现为：第一，就教育价值来看，职业教育还存在着吸引力不够的问题，许多学生与家长不到万不得已是不会选择职业院校的。这反映出职业院校的教育价值已经偏离了"满足人们多样化的教育需求"的教育价值观这一航道。国家也意识到了这一问题，开始加强基础教育改革，这保证了职业院校的生源，同时，还重视职业教育改革；第二，人才培养体系不健全。现阶段的人才培养体系并不健全，表现为人才培养规划不合理、人才培养目标不清晰、人才培养手段过于单一等。随着产业结构的调整，中国社会对高技术、高水平人才的需求增加。这要求职业院校应该紧紧把握职业教育发展的规律，紧跟社会发展的脚步，着眼于国家现代化建设，在总结过往经验的基础上，建立更加完善的人才培养体系；第三，产教融合、校企合作的力度不大。职业教育的特色之一就是与企业的深度融合，实现产教融合。通过校企合作，学生能将在课堂上学习的专业理论知识应用在企业实践活动中；通过产教融合手段，学校能发挥知识优势，企业能为学生提供岗位，从而显著提升职业教育的质量。但现在一些职业院校的校企合作、产教融合不过是一纸空文，或是简单的顶岗实习，未将其优势真正发挥出来。

职业教育能帮助学生掌握更多技能知识，提升技能水平；能使职业院校的优势发挥出来，有利于职业院校建构良好形象；能在一定程度上解决学生就业问题，从而促进社会的和谐、稳定发展。

基于职业教育发展的现状以及现实意义，笔者在总结前人优秀研究成果以及自身丰富教学经验的基础上，对职业教育理论与实践问题进行了探究。本书共分为六章，第一章介绍了职业教育的基础知识，区分了职业教育与普通教育，分析了职业教育的当代价值。第二章与第三章解释了现代职业教育课程理论与职业教育教学理论，构建了现代职业教育课程体系，总结了职业教育教学内容、职业教育教学模式、职业教育教学方法。第四章与第五章揭示了职业教育与智慧教育、校企合作的联系，创建了职业教育智慧课堂生态，梳理了职业教育与校企合作的优化策略。第六章分析了职业教育实践问题，从职业教育国际化实践方面展开，总结了国际教育国际化推进策略。

本书结构清晰，叙述得当，既有对职业教育理论的阐释，又有对职业教育实践的探索，能丰富职业教育研究内容。不过，由于时间仓促以及笔者水平有限，书中不少观点可能存在不当之处，恳请各位读者批评指正。

目录

第一章 职业教育概述 …………………………………………………… 1
    第一节 职业教育的定义 ……………………………………………… 1
    第二节 职业教育与普通教育 ………………………………………… 4
    第三节 职业教育的特征 ……………………………………………… 12
    第四节 职业教育的当代价值 ………………………………………… 20

第二章 现代职业教育课程理论 ………………………………………… 27
    第一节 现代职业教育课程的目标 …………………………………… 27
    第二节 现代职业教育课程的类型 …………………………………… 34
    第三节 现代职业教育课程的结构 …………………………………… 37
    第四节 现代职业教育课程的开发 …………………………………… 39
    第五节 现代职业教育课程的体系构建 ……………………………… 47

第三章 职业教育教学理论 ……………………………………………… 53
    第一节 职业教育教学内容 …………………………………………… 53
    第二节 职业教育教学模式 …………………………………………… 58
    第三节 职业教育教学方法 …………………………………………… 65
    第四节 职业教育教学评价 …………………………………………… 70

第四章 职业教育与智慧教育研究 ……………………………………… 77
    第一节 智慧教育概述 ………………………………………………… 77
    第二节 职业教育与智慧教育的融合必要性 ………………………… 85
    第三节 创建职业教育智慧课堂生态 ………………………………… 91

第五章　职业教育与校企合作研究 ·············· 102

 第一节　校企合作概述 ·············· 102
 第二节　职业教育与校企合作的理论基础 ·············· 108
 第三节　职业教育与校企合作的优化策略 ·············· 119
 第四节　职业教育与校企合作的法治化建设 ·············· 124

第六章　职业教育国际化实践探索 ·············· 131

 第一节　职业教育国际化概述 ·············· 131
 第二节　中国职业教育国际化现状 ·············· 135
 第三节　职业教育国际化品牌建设 ·············· 137
 第四节　国际教育国际化推进策略 ·············· 145

参考文献 ·············· 149

第一章　职业教育概述

国家的发展、民族的兴旺离不开人才，而其中技能人才尤为重要，他们支撑和推动了实体经济的发展。中华人民共和国成立以来，职业教育为我国实体经济发展提供了智力支持和人才保障。然而与发达国家相比，我国的职业教育还处于比较落后的水平。因此，应该加强对职业教育的探讨与研究。

第一节　职业教育的定义

一、职业教育的定义分析

为培养技能型人才，职业院校、培训机构等对个体实施教育，教育者不仅将与具体职业有关的理论知识传授给受教育者，还通过开展教育活动实现受教育者对特定职业技能的掌握与熟练运用，同时还关注受教育者的劳动态度并培养其正确的劳动价值观，这就是职业教育。在职业教育工作开展过程中，技能型人才被分为不同等级，主要包括初级、中级、高级三大级别。[1]

具体来说，职业培训与学校教育是职业教育的主要开展方式，职业教育不仅为受教育者入职做准备，还为受教育者提供岗位培训与离职培训，教育内容涵盖范围比较全面。在职业教育的开展过程中，核心是受教育者的职业需求。

接受职业教育的受教育者，最终入职于企业一线岗位，这也是职业教育的最终目的，即促使受教育者满足岗位要求、顺利就业。职业教育培养出的人才主要有两大类型，即管理型人才与技能型人才。

教育分流是职业教育诞生的重要原因。职业教育的实施拥有一定的目标与

---

[1] 杨建基. 中国职业教育发展及其治理体系研究 [M]. 北京：中国商务出版社，2021：20.

计划，其实施过程具有公开性，职业教育者传授的技能、知识与人类社会生活密切相关，相关组织或机构会以不同形式开展职业教育工作。职业教育的最终目的是向社会输送符合当下社会发展要求的人才，推动人的全面发展，促使受教育者掌握一定职业技能或技术，使受教育者能够提高职场竞争力。与普通教育相比，职业教育的终身性更鲜明，职业教育的受教育者中社会群体所占的比例更高，相关院校或机构实施职业教育首先应通过传授给受教育者职业技能进而保障受教育者的生存权。

二、职业教育的现代性解读

现如今，社会发展的基本特征之一就是现代化趋势。20世纪以来，随着社会实践的发展，人们的认识水平不断提高，对现代性的认识不断加深，这使现代性的内涵不断丰富与发展。在人们的观点中，现代性主要有两大内涵，即客观的时间属性以及具有进步意义的品质。在前者看来，现代性是人类社会的一种存在方式，是人类社会历史发展的结果，具有客观性；在后者看来，现代性表现于人们实际生活中具有代表意义与进步性的观点、制度、价值观等。

现代职业教育具有较为显著的现代性特质，这一特质是对现代职业教育特征的概括性解读。在现代化进程中，职业教育出现了一定的新特点，比如重视理性、强调民主性等，这些性质结合在一起使人们从根本上将现代职业教育与传统职业教育区分开来，体现了该教育体系中工具理性与价值理性的融合。[1]

随着现代职业教育的不断推进，职业教育的现代性不断提高，其环境越来越有利于主体充分发挥主观能动性，为个体的自主学习与探索创造了更为广阔的自由空间，也为教育者、管理者实现工作优化与进步创造了条件。最终，现代职业教育的时代价值得以充分发挥。

职业教育的现代性能促进社会公平与经济可持续发展。如今的职业教育逐渐发展成一个完整的体系，该体系与外部政治、经济发展具有密切联系，是联系国家、社会、民众的重要渠道，在一定程度上决定着经济发展质量与速度，表现着本国政治的民主性。工业的不断发展奠定了普通人接受职业教育的基础，现代职业教育的实施不仅为普通人提供了受教育的机会，而且为个人发展及其价值实现提供了更多可能，还为国家与社会储备了人力资源，为整个国家与社会的发展创造条件。

---

[1] 李兴洲.论职业教育的现代属性和功能[J].北京师范大学学报（社会科学版），2021（6）：59-66.

三、职业教育的属性

(一) 职业教育的内涵属性与外延属性解读

职业教育的内涵属性指的是，作为经济社会发展到一定程度而逐渐分离出来的一个教育类型，它有别于其他教育类型。职业教育的外延属性指的是职业教育发展过程中所呈现出来的性质特征。就职业教育本质的内涵而言，笔者认为，职业教育的本质是教育服务，使受教育者掌握某种理论和技能从而满足个人的生活需求和职业发展需求。就职业教育本质的外延而言，职业教育除了具备教育活动的基本属性外，还具有全民性、终身性、职业导向性、教育基础性、社会性、实用性、开放性等特点。职业教育的本质属性是其内涵属性和外延属性的统一体。认识和厘清职业教育的本质有利于深化教学改革，有利于搞好课堂教学和课外实践。

(二) 职业教育的一般本质属性

一般情况下，客观事物拥有某一类事物最为普遍、最稳定的特质时，人们才能将其判定为"属于该类事物"，而这些最普遍、最稳定的特质就是事物的本质，人们在判断之前首先要了解事物的本质。职业教育的本质特征如下：

首先，职业教育体系中的五大基本要素为目标、主体、内容、结果、形式。其中，职业教育主体不仅包括教育者，而且还包括受教育者。不同历史时期的职业教育具有不同的外在形态表现，其具体形态会随着实践的变化而变化，因此判断职业教育时，判断者应当具备透过现象看本质的能力，不被外表变化迷惑。以上这五大要素是职业教育体系成立的必要条件，缺一不可。

其次，目标性是职业教育的本质特性之一。实践是人们有目的、有意识的活动，作为实践活动，职业教育活动也具有一定的目标，职业教育一旦失去目标就会丧失方向，相关主体就不能有序、规范地开展教育活动。任意历史时期与任意国家的职业教育都服务于特定的目标。

最后，资源配置与利用是职业教育的必经环节。在职业教育体系中，人力资源、财力资源、实物资源以及信息资源等都是非常重要的资源类型，教育者通过合理开发、利用各种教育资源对受教育者进行教导与培训。在开发与利用过程中，相关主体应避免资源浪费，采取一定手段提高各种教育资源的利用效率。

（三）职业教育的特殊本质属性

在职业教育领域中，职业教育的本质是一个重要问题，也是一个基本问题。职业教育的本质能够阐明职业教育的内涵与整体实施路径。职业教育的概念传入中国后，我国才开始关注、实施职业教育，职业教育的实践体系是在此之后才建立起来的。基于此，我国职业教育本就具有先天理论准备不充分的问题。所以，相关学者与研究者对职业教育概念的具体界定内容有明显差别，他们并未形成对职业教育本质特征的统一认识。

许多对矛盾存在于职业教育体系且其具有特殊性，比如社会需求与教育对象的矛盾、受教育者与教育者的矛盾、较高的目标要求与有限教育资源之间的矛盾等，这些矛盾属于内部矛盾，是一定会出现的矛盾。正是因为这些矛盾存在，职业教育才具有区别于其他人类实践活动的依据。从教育任务层面分析，职业教育活动的开展是为了培养、训练受教育者的特定技能，为受教育者以后在社会上能够自食其力提供条件，进而促使社会经济获得发展。培养的人才质量与数量是衡量教育体系及其活动价值的根本标准，这一标准同样适用于衡量职业教育。职业教育具有特殊性，不同于其他人类活动，主要是因为职业教育服务于社会发展，能通过实现教育目标推动社会生产力的发展。在职业教育的开展过程中，相关主体应遵循与之相关的客观规律，比如教育教学规律、学生成长规律等。

第二节 职业教育与普通教育

一、职业教育与普通教育的关系

（一）职业教育与普通教育的联系

从理论上说，普通教育是职业教育的一部分，双方是从属关系；从实践来看，普通教育与职业教育是两种不同类型的教育。两者有很大的交集，两者之间是互融互通、相辅相成的关系。

1. 互融互通

职业教育在"高等教育"层次是互融互通的，表现在：一是招生互融互通，职业高校既可以从职业高中招生，也可以从普通高中招生；应用型本科高校既可以从普通高中招生，也可以从高职高专招生；二是学分互融互通，如"专升本"就是承认专科教育学分的，否则，"专升本"不会采取两年制本科教育。

2. 相辅相成

社会既不能没有普通教育，也不能没有职业教育。一方面，职业技术类培训等职业教育可以弥补普通教育的不足，使众多无机会接受高等教育者得以接受职业技术教育，实现教育公平；另一方面，中小学普通教育能为中职、高职教育奠定基础，而普通高等教育能为专业硕士、专业博士学位研究生教育奠定基础。

(二) 职业教育与普通教育的差异

1. 普通教育与职业教育在政策导向上存在差异

推动社会发展的人才类型不是单一的，社会发展的目标需要不同层次的人才共同贡献力量才能实现。从教育角度分析，普通教育向社会输送的是更高层次的人才，而职业教育向社会输送的是掌握专门技术的人才，这两大类人才在社会中各司其职，能够发挥不同的作用，最终促使社会各个领域都能实现进步。但从两大教育体系的发展现状来看，我国对职业教育的重视程度不足，两大教育体系的政策导向存在不合理之处。

（1）普通教育与职业教育的招生政策存在差异。在我国，有些职业教育学校停办了，有些职业教育学校被改用，还有些职业教育学校的职权被迫下移，这既是我国职业教育相对不受重视的表现，又进一步拉大了普通教育与职业教育的差距。这些现象出现的主要原因在于国家政策的导向强度出现了明显的差异，相对来说，职业教育获得的政策支持要少于普通职业教育。中考成绩较好的学生会进入高中继续接受普通教育，成绩较差的学生将进入职业高中接受教育，职业教育学校要在普通高中录取工作结束后才能录取学生。同样地，职业高校一般会录取高考成绩较差的学生，低分考生是职业高校的主要生源类型。这种对录取先后顺序的规定、对职业院校的招生要求等使社会不断加深了对职业教育的偏见，最终使教育结构失衡。

（2）普通教育与职业教育的政策不连贯，未能构建互补关系。建立政策互补关系对于学生的发展具有重要意义，能够为学生提供多种选择。职业教育体系应当由职业院校构建，职业院校在此过程中应当采用系统、全局思维，以大职业教育观指导相关工作。职业院校在开展教育管理工作时，应提升其行动的统一性，基于多层次、多形式进行办学，不应过分强调不同职业教育形态的差异。这样一来，传统职业教育的管理问题能够得到有效解决，采取这些措施有利于优化传统职业教育模式，实现职业教育各阶段的衔接，凸显不同职业教育阶段的鲜明特色。职业教育还应与普通教育保持一致性，相关部门或单位应当确保学生能够自愿选择接受普通教育还是职业教育。这样一来，学生接受教育的积极性与主动性都会有所提升，这有利于学生激发自身潜力，不断实现自我完善与发展。

2. 普通教育与职业教育在人才培养目标上存在差异

随着教育与社会价值观的普及，我国的国民素质不断提高。新时期，社会发展条件与社会实践发生变化，职业教育也迎来了新的发展机遇与挑战。从社会视角分析，社会对高素质技能型人才的需求增加，这一趋势在各大行业表现得都比较明显。基于此，提高普通教育与职业教育的统一性能够满足社会发展需求，是新时期教育改革的可行之举。

（1）高校普通教育培养目标。高校普通教育属于普通教育体系，普通教育中的教育者主要向学生传授基础科学知识，普通教育的主要开展方式是学校教育。高校普通教育的目的主要是培养专业人才，并使其具有优良的人格品质，教育者主要在大学这一社会场所开展教育活动。高校普通教育的受教育者具有独特性，学生正处于价值观与人格养成的关键阶段，大学生活是学生完成身份转变的过程，毕业后学生就成为社会人。高校普通教育注重对学生的专业化、细化培育，一般采用比较先进的教育教学模式。学生在接受高校普通教育以后，更容易形成崇高的品格，也会提高承担社会责任的主动性。可以说，对于大学生而言，高校普通教育对其人生发展发挥着非常重要的衔接作用。

（2）职业教育培养目标。职业教育属于教育体系，职业教育的开办与发展证明我国认可、重视技术技能人才。从目前来看，社会向职业教育提出的要求是培养劳动型、应用型人才，这些人才必须具有一定的专业技术能力。[1] 一般来说，培训机构、职业院校是实施职业教育的主要社会场所，教育者注重对学生的技能与技术训练，以学生技术水平与技能熟练度提高为重要目标。职业教育课程内容与社会诸多行业的岗位要求相一致，因此，职业教育培养出的学生实践与操作能力较强。在社会产业转型与升级过程中，职业教育发挥着重要作用，是不可缺少的教育体系。

---

[1] 刘岩. 本科普通教育和职业教育的衔接策略探究［J］. 科技视界，2021（2）：37-38.

二、职业教育与普通教育的协调发展

新形势下，高素质的技术技能型人才是推动中国特色社会主义事业建设进程的必要条件，专业技术人员、科学家固然重要，但也应认识到高素质技术技能型人才的重要作用。专业技术人员、科学家等能够创造先进的技术、设备等，而这些技术、设备的实际应用还要靠大量的技术技能型人才完成。从本质上来说，技术技能型人才属于社会劳动力，能够创造出人们需要的物质与精神产品，为消费者提供多样化服务，最终满足人们的物质与精神需求。可以说，职业教育的高质量发展能够为社会输送许多高素质人才，是不能被取代的教育形式。[①]

（一）职业教育与普通教育协调发展的现实要求

1. 国家经济转型发展的新要求

信息技术的飞速发展使社会生产力不断提高，创新与创造能力成为国家综合实力的重要组成部分，我国正致力于实现由"中国制造"向"中国创造"的转化。基于此，社会各个行业都将科技、知识元素融入其中，促使科学技术得到全面应用。因此，社会各个行业所需要的劳动者也应当具备创新与创造能力，不断学习新知识。为实现社会发展与进步，普通教育与职业教育应当互相沟通交流，最终实现统一发展。达成这一要求有利于解决学生就业与企业招聘不匹配的问题。

2. 普通教育和职业教育都有其自身的优势和短板

接受普通教育的学生往往具有较高的专业知识素养，但其专业技能一般无法达到一定的应用水平；接受职业教育的学生往往能够掌握并熟练运用专业技能，但其文化知识储备相对较少，相对不具有较高的人文素养。由此可见，高校普通教育与职业教育各有利弊，提升两大教育体系的统一性有利于实现两大体系的优势互补，是提高我国教育质量的必然要求。

（二）职业教育与普通教育协调发展的意义

1. 加快整个教育事业的发展

我国教育事业的发展受到多重因素的影响，其中就包括普通教育与职业教育的互补与沟通程度。我国在这一方面还有所欠缺，这就在一定程度上导致教

[①] 祝士明. 为什么说职业教育与普通教育同等重要 [J]. 职业教育研究，2022 (7)：7-8.

育事业整体发展面临阻碍。从职业教育的角度分析，不能实现两大教育体系的沟通与互补，不利于职业教育自身的发展，其教育体系的发展活跃性会有所降低。为了推动我国职业教育的发展进程，培养更多符合现代社会发展需求的高素质技能型人才，进而推动社会生产力水平的提升，相关部门或单位应关注并实现普通教育与职业教育的统一性。社会经济不断发展能够为教育提供发展的底气，本国教育事业不断发展能够为社会输送更多更优质的经济人才，可见，经济与教育的关系十分密切。① 相关部门或单位在关注教育发展进程时，不仅要关注普通教育的发展，还要关注职业教育的发展，应采取措施实现两大教育体系的进步，这样才能使中国的教育事业获得更为持久、健康的内在发展动力。

在当前形势下，现代职业教育体系的建立与完善具有必要性，这是推动中国经济可持续发展进程的重要环节，能够强化中国技术与社会的发展动力。② 鉴于如今信息技术的飞速发展，现代从业人员只有不断学习、与时俱进，才不会被时代淘汰，这就要求现代劳动者应当强化终身学习意识，使自身能够及时适应国内与国际实践条件的变化。职业教育是中国教育体系的重要组成部分，完善职业教育的保障、实施体系有利于推动职业教育的发展，进而促进中国教育事业实现整体进步。

2. 推动社会经济的发展进程

教育与经济、科技的关系十分密切，主要表现为既相互促进又相互制约。加强普通教育与职业教育的沟通，有利于完善、发展现有教育体系，不断提高教育工作质量，有利于各院校、机构向社会输送高素质人才，为社会发展带来有力的人力支撑。实现普通教育职业教育的互补，不仅对城市教育事业能产生积极影响，而且还能助力乡村发展。我国很早就存在城乡发展不平衡的问题，乡村发展相对受限，尤其缺乏科技人才，这就使乡村经济的发展质量与速度不及城市。在乡村地区实现普通教育与职业教育的有效沟通，能够为农村经济发展培养更多高素质的应用型人才，进而促进乡村的整体发展。基于此，相关部门与单位应当制定政策，重视乡村职业教育的建设，吸引更多优秀生源接受职业教育。

3. 促进学生个人与社会的发展

构建普通教育与职业教育的互补关系后，职业教育质量的整体提升不是唯

---

① 王振. 试论职业教育与普通教育的相互沟通及其策略 [J]. 吉林工程技术师范学院学报，2020 (5)：46-48.

② 肖栋. 现代职业教育体系研究 [J]. 现代职业教育，2021 (32)：120-121.

一的优点，此过程涉及的其他主体都会受益。首先，对于学生自身而言，构建两大教育体系的互补关系，有利于学生充分发挥个人优势，有效调动发展自我、完善自我的积极性，使其减轻思想负担与心理压力，进而选择更适合自己的教育体系接受教育。其次，对于学校而言，构建两大教育体系的互补关系有利于消除传统教育制度带来的不良影响，实现学生分流，提升教育的针对性，帮助学生更好地解决理论难题与实践操作难题等。最后，对于社会而言，构建两大体系的互补关系有利于优化学校管理工作，有利于消除大众对职业教育的偏见，促使职业教育生源质量有所提升。

（三）职业教育与普通教育协调发展的策略

1. 充分考虑中国的国情

我国幅员辽阔，不同地区的经济发展水平、地理环境与文化发展水平等差异较大，因此，要想实现我国职业教育与普通教育的协调发展，深入、透彻了解我国国情是基础。实现职业教育与普通教育的协调发展，应当遵循实事求是的原则，根据不同地区的实际发展水平进行规划与衔接。

在经济欠发达地区，主导产业往往是制造业，该地区的职业教育应当针对这一特性培养专业型人才；在经济较为发达地区，主导产业通常为高新技术产业、服务业等，该地区的职业教育应当针对这一特性培养通识型人才。具体来说，专深型人才指的是拥有某种特定技能的人才，其技能应用水平较高；通识型人才指的是综合素质较高的人才，其文化知识水平、技术技能水平与其他素养等都比较高。

2. 政府要做出自己的努力

（1）政策层面，完成国家定位，实现适应发展。有关部门在制定相关政策前应深入分析国内与国际形势，不仅要完善职业教育与普通教育体系，还要采取措施拔高两者的站位。

基于国内层面分析，教育应当与社会、经济发展状况相适应，教育工作应当围绕社会主义现代化建设开展，高校应自觉承担全面提升人才素质的责任，致力于向社会输送高素质人才。建设教育强国、人力资源强国和技能型社会，推进社会主义现代化建设，这是新职教法对我国教育工作的目标要求。为了推动这一目标的实现进程，相关部门应优化职业教育的专业设置，也应不断完善职业教育人才培养目标体系，促使当今社会对高端产业优质人才的需求得到满足。职业教育与经济的发展密切相关，各地区应通过推动经济发展促使职业教育体系获得发展与完善。

基于国际视角分析，我国发展职业教育事业应当实现其与国际职业教育的接轨，应追赶时代发展潮流、顺应时代发展趋势。目前来看，国际环境变化多端，国际上一些国家的职业教育发展较早，其积累了一定的成熟经验，职业教育发展理念也比较先进。因此，我国在发展本国职业教育的过程中不能将目光局限在国内，还要在遵循客观实际的基础上有选择地借鉴其他国家的有效经验，取其所长，强化职业教育体系的开放性，使其与现代国际社会相衔接。

（2）加强立法。加强立法能够为职业教育与普通教育的协调发展提供保障，具有法律效力的文件对两大教育体系的协调发展做出了具体规定，有利于增强相关工作的科学性、有序性、规范性。为此，党和政府应当重视这一方面的立法，重视对教师资格认证、青年劳动者以及相关建设工作的管理，全程保护多主体的合法权益，督促其切实履行应尽的义务。

为保证职业教育与普通教育的协调发展质量，政府应当扮演好组织者的角色，在院校与院校、院校与社会企业之间牵线，促使职业教育获得更多社会力量的支持，进而实现职业教育工作的不断推进。

另外还要注意，相关立法部门应改革教育生源政策，使普通教育与职业教育的学生能够互通，不断开阔学生的受教育视野。

3. 教育界应做出努力

（1）实行完全的学分制。完全学分制的实施是增强普通教育与职业教育学生流动性的重要保障，有利于实现普通教育与职业教育的进一步沟通。在实际生活中，很多学生都会受到转学的限制，其转学需求不能被很好地满足。一般而言，学生会因为校际互信机制不健全、所在院校与目标院校的差距较大等原因而无法成功转学。构建并落实完全的学分制能够为学生转学提供极大便利，相关部门应当通过立法制定统一学分标准，这就使学生转学拥有了客观依据。在资格认证与技能等级评定方面，评定方也可采用学分制完成判定。在应用完全的学分制过程中，不同专业学生学习的具体课程内容是不一样的，相关部门应全面考量的问题并对其进行清晰、科学的规定，最终使完全学分制兼顾对各类职业人才的评定。另外，为实现两大教育体系的互补与沟通，相关部门可以借鉴国外的成功经验。

（2）使教师增进交流与沟通。在职业教育领域，实现教师的专门化是完善该领域内沟通机制的必然要求。在这个过程中，不仅职业教育体系中的教师要提高教育教学能力，而且普通教育体系中的教师也要掌握一定的职业教育理论，这样一来，两大教育体系中的学生都能获得职业帮助。

在接受学校教育的生涯中，学生升学、转学等都是比较常见的现象，这些活动都不能盲目，学生需要对相关信息进行细致分析，在此基础上做出决定。基于此，家长、教师以及学校都应为其提供帮助。

（3）实现教育的区域化发展。特定群体与特定区域具有独特性，在教育发展进程中，相关主体应根据实际情况进行合理布局。

基于普通教育视角分析，普通教育的就业导向要弱于职业教育，普通教育在较富裕地区的实施成效优于弱势地区，其培育人才所需的周期更长。为实现特定区域普通教育的进一步发展，相关主体应当注重该领域内的信息化与现代化建设。举例来说，《中国教育现代化2035》为推动教育现代化进程制定了一系列政策，这些政策针对的是海南自由贸易试验区、粤港澳大湾区、长三角自由贸易试验区，以及河北雄安新区等重点区域，具体政策措施包括发展教育内涵、构建智慧课堂、促进中外融通以及教育试点创新等，具有鲜明的因地制宜性。①

基于职业教育视角分析，职业教育的育人工作主要围绕学生就业展开，其培育人才所需的周期比普通教育短。职业教育在稍弱势地区的实效性要强于较为富裕地区。在乡村振兴建设过程中，推动职业教育的发展具有重要意义，有利于通过提高农村地区的生产力，进而改善人民生活水平。目前来看，我国为实现乡村振兴已经采取了一定的有关职业教育的措施。举例来说，沪滇联盟、沪果联盟、沪喀联盟是上海三大职教联盟，其在乡村振兴建设进程中发挥了一定的作用，发展出了多样化的帮扶方式，能够为其他地区提供经济对口支援。在三大联盟中，相关主体为帮扶地区提供了交流与进修渠道，丰富了职业教育教学资源，还将社会企业引入职业教育体系中。

4. 彰显普通教育与职业教育的特色

普通教育与职业教育都具有一定的办学特色，具体表现为相应院校在办学过程中发挥的教育功能。

职业教育的实施有利于丰富社会人才类型，学生通常在接受职业教育后会习得一定的技能、技术等，这一过程有效增强了社会创业与就业的发展动力。在办学过程中，相关管理部门、执行部门以及教育者等应尊重学生客观成长规律，构建相应的制度体系。

第一，职业教育办学主体应重视并实现与相关产业的深入合作，将目光投向高端产业，通过应用校企合作模式、产教融合模式等推动职业教育"五个

---

① 金星霖，石伟平. 论职业教育与普通教育协调发展［J］. 现代教育管理，2022（8）：102-110.

对接"的实现进程。采取这些措施有利于推动社会生产力的发展，职业教育在这过程中的职业性、专业性表现得十分突出。

第二，加强职业教育专业建设、提高职业教育办学质量，这是建设"双高双优"职业院校的必然选择。一旦建设成功，该职业院校还能作为榜样力量为其他院校提供建设经验，优质职业教育的开办规模不断扩大，有利于扭转人们对职业教育的刻板印象。

第三，为充分发挥职业教育的价值与功能，相关主体在设计职业教育教学评价体系时，应使校园学习与社会实践相接轨，可将职业资格证书作为评价指标，进一步加强就业导向，促使职业教育工作的针对性不断提高。在普通教育评价体系中，设计者应注意完善评价指标，不仅要重视对学生知识与技能掌握情况的评价，还要重视对学生思想政治素养的评价，引导学生向着全面发展的方向前进。

5. 企业应积极参与

以目前的情况来看，校企合作的开展力度仍需加大，有一部分企业对参与校企合作活动不感兴趣，这极大地阻碍了校企合作进程，也就无法有效发挥学校教育与社会企业的发展合力作用。基于此，社会企业应承担一定的社会责任，从发展的角度看待校企合作，积极落实相关政策；院校也应提高校企合作的参与积极性与主动性。校企合作有利于实现双方优势互补：对于社会企业而言，院校能够为社会企业提供人才与理论指导，促使社会企业相关工作的运行更为科学，社会企业与学校合作可以提高其知名度；对于院校而言，社会企业能够为学校提供实践教学物质基础、教学人才等，有利于加强社会实践与学校教育的联系，保证学校培养出的学生更能满足社会发展的需求。

第三节 职业教育的特征

一、职业教育的关键特征

（一）职业性

职业性是职业教育最基本的类型特征。一是"职业教育"强调"职业"这一关键词，这使职业教育与学校精英教育、学校普通教育有了本质区别。二是职业教育强调"以职业为导向",而非"以升学为导向"。三是大学后职业技术培训及终身教育是普通学校教育所不具备的教育特质。概言之,职业性回答的是职业教育"是什么"的核心问题。

(二) 技术性

劳动者在接受职业教育以后会实现职业技能的内化。通俗来讲,劳动者能通过接受借助职业教育习得一技之长。劳动者技能的优化与升级有利于推动社会生产力水平的提升,社会产业结构也会实现优化,进而促使职业教育结构不断优化。对于职业教育而言,技术革命是推动职业教育向前发展的决定性力量,技术革命推动了职业教育制度改革的进程。

知识型技术、实体型技术以及经验型技术是技术的三大类型。[①] 在职业教育实施过程中,三大类型技术承担着课程主要内容的角色。在具体教学过程中,学生要想掌握并熟练运用一项技术,需要在不断重复应用过程中实现创新。

创新技术以实现技术进步,有利于加快职业教育模式的改革进程。基于此,职业院校应当与时俱进,在教学体系中融入先进技术手段,以技术创新加强职业教育与社会企业的联系,促使学生更快、更有针对性地学习相关理论并加以运用。

技术性是职业教育人才培养目标定位特征。一是职业教育人才培养目标定位是"培养技术技能型人才",它与研究型大学人才培养目标定位显著不同。二是职业教育的人才培养内容强调与"职业岗位"相衔接,其专业及课程对应社会职业岗位所需的职业道德、技术技能要素;其人才培养方案、课程、教材、实践教学等要素与职业工作过程相吻合。三是准确来说,职业教育是"职业技术教育",带有"技术"二字,职业教育教师的教学、科研、服务强调"应用技术",与研究型大学教师的教学、科研、服务的主要目标显著不同。概言之,技术性回答的是职业教育"教什么"的核心问题。

(三) 大众性

从服务对象这个层面分析,职业教育的开展面向每位社会公民,平等对待受教育者是开展职业教育的应有之义与内在要求,职业教育的发展应当以满足

---

① 宁莹莹.现代职业教育理论与实践探索[M].长春:吉林人民出版社,2021:12.

社会大众需求为重要任务之一。①

职业教育的开展具有较强的职业导向性，每位公民在职业教育面前都是平等的，服务民众是职业教育的实施宗旨。在接受一定的职业教育后，受教育者就会获得相对应的某项技能资格，其进入职场后，企业会获得专业水平更高的人才。因此，职业教育是具有大众性的教育体系。

（四）跨界性

跨界性是职业教育的人才培养模式特征。一是跨界性突出的是职业教育人才培养类型特征，即产教融合、校企合作人才培养模式类型。二是职业教育强调教育界与产业界的密切合作，学校与行业、企业密切合作，共同开展职业技术教育。三是职业教育强调校企合作办学模式类型，即强调校地互动、校企合作，共建、共管、共享办学的模式类型。概言之，跨界性回答的是职业教育"怎么教"的核心问题。

（五）终身性

我国终身教育体系分为四大类：基础教育、高等教育、职业技术教育、成人教育，其中，职业教育成人教育包含了基础教育、高等教育和职业技术教育。由此，从教育对象来分类，职业教育基本可以分为两大类：普通教育和成人教育。但无论是针对哪种教育对象，职业教育都存在于其中，前者多为职前教育，后者多为职业技能教育与职业提升教育。

终身性是职业教育的时空特征。一是普通教育是学校教育，不具有终身性。二是职业教育既包括学校教育，也包括大学后的职业技术技能培训。科技一直在不停发展，个人只有不停学习才不至于落伍。职业教育强调个人应随科技的进步不间断地接受职业技术技能培训和教育，即"活到老、学到老"，老年大学即职业教育终身性的典型诠释。三是联合国教科文组织把终身教育列为职业教育。概言之，终身性回答的是"个体如何学"的核心问题。

个体职业技能的发展应当跟随社会实践发展情况完成，但是，社会实践时常会发生变化，新技术、新成果不断被创造出来，而对于职业院校中的学生而言，终身接受学校教育是不现实的，这就需要充分发挥职业培训机构的作用，实现机构与院校的衔接与沟通。这一举措有利于实现受教育者专业素质、技术

---

① 王红亮，高鹏，张俏. 校企合作下高职院校现代学徒制理论与实践研究［M］. 延吉：延边大学出版社，2022：6.

技能水平的持续提升，进而促使个人实现全面发展。①

（六）实学性

实学性是职业教育区别于普通教育的历史特征。②

一是我国自古就客观存在学校普通教育和职业技术教育的分野，我国古代及近代先贤均认为职业技术教育是"实学"而不是"官学"。

二是我国自古就客观存在"学"与"术""道"与"器"的分野，"学"和"道"强调学校式、知识型的教育，"术"和"器"强调师徒式、实用型的教育。

三是近代我国高等学堂教育兴起，又客观存在"实业教育"与"普通教育"的分野，"实业教育"即"实学教育"。

总而言之，实学性回答的是职业教育"技术如何应用"的核心问题。

二、职业教育的延伸性特征

（一）广泛性

既然职业教育是给予教育对象从事某种职业或提高劳动岗位所需要的知识和技能，以就业、转换职业或提高劳动者的职业素质为目的的教育类型，这就决定了职业教育的完整内涵应该包括职前教育、在职提高、转业培训、再就业培训、发展性培训、职业指导等学历的和非学历的两个方面，并具有多层次、多规格、多形式的特点，其教育对象的年龄、性格、类型等也是多样的，即职业教育范围具有广泛性特征。

（二）应用性

实践教学是职业教育体系中的关键一环，为了提高学生的实践能力与技能实际应用能力等，相关主体在制订教学计划、教学方案时应重视实践教学。职业教育具有较强的职业导向，这就决定了职业教育应该具有应用性特征。

应用性不是职业教育所独有的类型特征。研究型大学的人才培养、科学研究和社会服务都具有很强的应用性，特别是科学研究和社会服务，应用性特质非常明显。应用性是职业教育和普通教育均具有的类型特征，但相比研究型大

---

① 吴海勇. 终身职业教育融合发展研究 [J]. 职业教育研究，2021（8）：66-71.
② 张静. 中国职业教育理论与实践探索 [M]. 北京：中国经济出版社，2022：17.

学，应用型本科高校和职业技术学院更加强调人才培养、科学研究、社会服务的应用性。从某种意义上来说，应用性是职业性和跨界性的衍生特征。

（三）针对性

不管是针对就业、专业，还是提高技术水平，职业教育都必须紧密围绕社会经济发展的现实和教育对象的需要。在专业设置、内容选择、办学模式等方面，职业教育都具有针对性。

（四）能本性

能本性即强调"以能力（职业技术）为本位"，它与"以知识为本位"相对应。实际上，"以能力（职业技术）为本位"与"以知识为本位"并非对立关系，研究型大学既强调"以知识为本位"，也强调"以能力（职业技术）为本位"。从职业教育的类型特征来看，能本性是技术性的衍生特征。

现如今，就业难成为当今高校毕业生面临的一大问题。对企业来说，企业招聘难度大，难以寻到十分贴合岗位要求的人才；对毕业生来说，自身在社会人才市场中的竞争优势相对不明显，同届毕业生与自身的条件比较相似，这就导致其面试竞争压力较大。就业难现象的一个重要形成因素是高校扩招，同类型毕业生的数量增加，而企业需要的其他类型的毕业生数量较少，难以满足企业自身运作与发展的需求。从目前来看，高等职业教育的办学特色相对不明显，不能实现与普通教育的明显区分，实践教学体系建设的并不完善，这就导致高职院校毕业的学生很难拥有出彩的职业实践表现。因此，职业教育应该重视培养学生的实践技能，以学生能力为本位。

（五）开放性

开放性并非职业教育独有的特征，高等教育也具有开放性、国际化特征。从职业教育的类型特征来看，开放性实际上是跨界性的衍生特征。

国际交流与沟通是推动职业教育发展进程的必要条件，增强职业教育体系的开放性有利于职业教育的理念实现创新。以此理念为指引，我国职业教育能够有效增强包容性，真正做到与其他国家平等交流、友好往来、互相学习。[①] 我国职业教育仍有发展进步的空间，相关主体应积极促成与职业教育发达国家

[①] 刘玲玲，王伟."一带一路"视域下职业教育开放性发展浅谈［J］.现代职业教育，2018（21）：161.

的沟通，以双赢为沟通原则，促使本国职业教育获得发展。

（六）适应性

增强职业教育适应性，是职业教育对应教育强国和人力资源强国的必然要求。增强适应社会主义办学方向、以党的领导引领立德树人；增强适应新发展格局、以协同创新推动"四链"衔接；增强适应新技术环境、以技术增值赋能教学"两化"融合；增强适应多层类型教育特征、以贯通体系助力技能认同；增强适应多元生源结构、以开放视野建设职教生态；增强适应多元评价改革、以扎根精神推进职业教育提质培优。增强适应性已然成为职业教育类型特色的内在构成与价值追求。

从实施意义分析，职业教育具有"兜底"的作用，即在社会与国家发展进程中具有保障性作用。职业教育是国家发展根基的重要组成部分，具有适应性。具体来看，职业教育的适应性要求职业教育实现全方位的适应，从社会各点到社会各面再到整个社会系统，这样才能充分发挥其价值与功能，适应国家发展要求、满足人民群众的发展需求。在新时期，职业教育应当适应环境变化，相关主体应主动调整其定位，使其彰显中国发展特色，最终为实现中华民族伟大复兴中国梦的实现贡献力量。

（七）多元性

多元性主要强调职业教育办学多元化、教学多元化、科研多元化、服务多元化、评估多元化，即与行业、企业合作办学，合作开展教学、科研、服务与评估等。但研究型大学的教学、科研、服务同样具有多元化特征。从职业教育类型特征来看，多元性实际上是跨界性的衍生特征。

（八）灵活性

职业教育是一种校企合作式教育，受时空限制较小，时时可学、处处可学。近年来，改革发展成为我国教育领域的实施战略，职业教育是现代教育事业的重要组成部分，因此也应推动现代职业教育体系的改革进程。在这个过程中，搭建四通八达的职业教育体系成为重要任务之一，这是实现职业教育现代化的核心举措，实现这一任务能够有效扩大学生的学习空间，有效丰富受教育渠道与受教育方式等。在职业教育领域，畅通的职业教育体系被比作职业教育的立交桥。

不过，灵活性不是职业教育所独有的，普通教育同样具有灵活性，普通本科教育也有"实践周""实践月""实践学期"甚至"实践学年"。从职业教育的类型特征来看，灵活性实际上是跨界性的衍生特征。

三、职业教育高质量发展的特征

中国经济转向高质量发展阶段，为适应这一转变，各个领域都应采取一定措施达到高质量发展状态。职业教育的高质量发展应当具备以下特征。

（一）是保障性的发展

在实现高质量发展的过程中，职业教育拥有一定的保障条件。简单来说，职业教育受到各大社会主体、各种社会资源的支持，比如，立法部门完善立法为职业教育的发展提供法律法规保障，再比如，社会生产为职业教育的发展提供物质保障。需要注意的是，党和政府是对职业教育高质量发展发挥保障作用的决定性主体，相关法律与政策、方针的制定为职业教育的高质量发展指明方向、提供了充足的资源保障。《职业教育法》是党和政府为实现职业教育高质量发展目标而颁布的，其政策内容具有创新性、丰富性与全面性特点，基于不同视角切实保障了职业教育的不断发展。

在我国教育领域，提高职业教育质量水平，促使职业教育体系获得优化与完善，这是重要的战略发展任务。[①] 从整体来看，职业教育体系的优化与完善有利于推动中国的制造业发展进程。在对职业教育进行质量诊断的过程中，职业教育主体应注意充分发挥主体作用，为职业教育质量诊断工作的开展提供保障。

（二）是选择性的发展

在国民教育领域，普通教育与职业教育的重要性是相同的，都属于本国人力资源开发的重要环节，两大教育体系都对就业与创业具有促进作用。职业教育与普通教育的实施能够为社会输送更多人才。

社会与经济发展的转变，迫切需要职业教育由传统向现代化加快迈进。当前，职业教育层次结构体系亟待完善、人才培养方案需细化审视、体制机制建设滞后于实际发展需求、高层次人才数量与质量有待加强，这些都是职业教育迈向现代职业教育路途中的"瓶颈"。

---

① 张士辉，马志妍. 我国高等职业教育质量保障的发展路径研究 [J]. 兰州石化职业技术学院学报，2021（1）：35-38.

职业教育完成多样化选择体系构建，有利于向社会输送多样化人才。职业教育的就业导向虽然明显，但归根结底，职业教育属于教育，具有为学生提供服务、促进学生全面发展的基本工作要求。基于此，相关主体应为学生提供更多自由选择的机会，包括对人生发展方式的选择、对专业的选择、对课程的选择等，这有利于丰富学生的学习体验，促使学生更好地满足自身学习与发展需求。

（三）是创新性的发展

创新是推动职业教育不断向前发展的必然要求，相关主体在实施过程中应当采取一定措施确保其活力。具体来说，职业教育办学应当抓住办学模式、保障机制、管理体制、育人方式等几个重要方面，最终达成"三全育人"。教育的重要任务之一就是培养人才，职业教育相关主体应当为其建立健全相关保障机制，为学生提供高水平服务，建立健全校企合作体制，促使职业教育提升开放性、现代性。为使职业教育发展的更为规范有序，相关管理主体应不断提升治理与管理能力，为职业教育发展构建高素质教师队伍，进而增强职业教育向前发展的内在动力。

（四）是贡献性的发展

地区经济发展水平与教育有着密切关系，具体来说，职业教育与其联系比普通教育更为紧密。在国民经济领域内，地区发展具有鲜明的独特性，不同地区的发展水平、发展特征差异较大。具体来说，地区经济发展是人们在一定区域范围限制下进行的经济活动。一般情况下，职业培训与中职、高职一并被列为职业教育的主要开展方式。其中，职业培训有更为直接的作用，能够在短期内见成效。

区域职业教育是我国培养高素质技能型人才的主要场所，其能对经济增长起到有效的推动作用。目前，我国职业教育历经多年的发展已成为高等教育普及化的主要方式。基于职业教育的功能和本质，其对区域经济的发展有着直接作用，职业教育的结构因为区域经济结构的变化而产生了相应的变化。

区域经济的发展深受职业教育的影响，主要是因为职业教育体系能为区域经济发展提供技术技能型人才，这些人才能够服务于区域经济社会的方方面面，实现民生、科技以及文化等领域的全面发展。基于此，职业教育的实施应当与当下区域社会的诸多领域实现对接，不断增强工作的创新性、人文性，同时注意增加学生的文化知识储备，使职业教育能够助力于社会主义现代化建设。①

第四节　职业教育的当代价值

一、职业教育的价值理性分析

对于主体来说，有些客体没有价值，是因为这些客体不能满足主体的任意需求。因此，价值这一概念具有主观性，是主体根据自身需求对客体做出的判断，具体表现为客体的某一属性。现如今，技术的更新换代速度不断加快，数字技术、智能技术的发展促使人类社会日新月异，科技进步极大地推动了社会分工细化进程，进而促使新旧职业的更替速度加快，职业的动态变化特征更加显著。在此背景下，职业教育价值成为一大研究热点。

不管能否取得一定成就，个体总坚持某一信仰，这一信仰对个体来说是有价值的，因此个体会有意识地、无条件的坚持。具体来说，价值理性涵盖多个领域，包括美学、宗教以及伦理等。

职业教育主要向社会输送技能技术型人才，这一教育体系本就是在机器大生产的背景下诞生的，因此职业教育的诞生本身就具有工具性。但探究深层原因，职业教育的出现其实是普通群众追求教育平等、想要实现自我价值的结果。因此，价值理性是职业教育本身含有的价值追求，是职业教育的固有规律。换句话来说，职业教育不仅是满足社会发展客观需求的产物，而且是民众心声的自由表达以及主体价值的实现途径。实施职业教育意味着社会对自由与发展的追求。工具理性则是职业教育相关活动的外在表现，其工具理性具体表现为职业教育的开展拥有一定目的，为实现职业教育的最大价值，相关主体要通过精确计算采取一系列措施。一般来说，职业教育的开展目的主要包括推动社会与人的发展进程。职业教育的价值理性是实现其价值理性的基础，相关主体必须正确认识并把握办学与运行规律、学生成长规律等。但是，人们通常不能一次性掌握这些规律，其认识过程是反复的，整体呈现向前发展趋势。要想了解职业教育的本质内涵，相关主体必须了解职业教育价值理性与工具理性的

---

① 王环．职业教育高质量发展：特征、基本原则与任务［J］．辽宁高职学报，2023（2）：5-9．

具体关系。在了解相关规律后，相关主体应当实现价值理性与工具性的融合统一，这样才能充分彰显职业教育的现代性与真正价值。

二、职业教育价值梳理

职业教育价值的内涵既包含普遍性又包含特殊性，具体来说，价值有它本身的普遍内涵，而教育又具有其本质内涵。教育是人类社会中的重要实践活动，不仅要满足社会发展需求，而且要满足人的发展需求；不仅要实现学生的全面发展，更要以人类文明进步为己任。从整体来看，职业教育的价值主要作用于社会和人两大方面，职业教育价值通常包含内在与外在价值。

（一）内在价值

职业教育内在价值是职业教育对主体人发展需求的满足，职业教育外在价值是职业教育对社会诸领域发展需求的满足。

1. 职业教育是把人口数量转换为人口优势的重要途径

在教育领域，普通教育体系与职业教育体系是不可忽视的两大类型教育体系，其在教育体系中具有同样的重要性，具体人才培养目标大不相同。具体来说，普通教育体系致力于培养学识水平较高的高素质人才，要求培养出的学生应当具有掌握相关知识与理论，应当善于钻研与研究；职业教育体系致力于培养专业技能与技术应用水平较高的专业人才，更关注在实践过程中对学生实践技能的培育，与社会就业、个体创业紧密联系在一起。

新形势下，我国社会发展条件发生了变化，社会发展需求也发生了改变，为推动我国社会的现代化发展进程，职业教育应当实现创新以向社会提供更多高素质技能技术型人才。目前来看，我国高素质人力资源相对短缺，这说明大量社会人口资源还未充分得到开发与利用。在新工业革命的助力之下，社会产业不断发生变化，其发展形态不断革新，社会各个行业都具有高质量发展的诉求，对各大类型高素质人才的需求量不断增加。

在现代教育领域中，职业教育是其中一大体系，其生源来源多样化，包括农民、下岗工人以及退役军人等，职业教育招生不限制职业，不具有强制性。对于社会个体而言，其只要想习得一技之长就可以接受职业教育，通过学习与训练，学生不仅可以学会一定的技能，而且可以增长见识、提高文化水平，最终在社会中凭借其技能实现自我价值。

在社会各行业领域中，接受职业教育是各行业从业人员实现进一步发展的重要渠道。在我国，职业教育的实施有利于推动人口向人力资源的转化进程。

基于此，现代职业教育应当明确并坚持其类型教育的定位，不断增强教育活动与工作的现代性，促使职业教育的发展与现代社会发展步伐相一致。

2. 职业教育是提高经济管理水平的重要因素

优质的经济管理手段对于实现经济持续健康发展具有重要意义，现代经济社会发展要求相关经济主体加强经济管理、提高管理水平。开展职业教育是提高社会经济管理水平的重要实现途径，举例来说，企业管理者通过接受职业教育能够深入学习专业理论、不断提升技能水准，有利于企业组建一支高素质的管理人才队伍。一般来说，经济管理人员主要源于两大领域，一是生产服务第一线，二是院校教育。与之相对应，管理人员的诞生方式主要包括选拔与教育。社会各领域能相互影响，其他社会因素会直接或间接影响社会经济的发展。在此基础上，推动经济管理者素质的全面提升，有利于激发其参与社会实践、推动社会发展的积极性。

3. 职业教育是稳固实体经济产业的重要基石

在实体经济发展领域，解决制造业供需失衡问题、提高制造业供给质量、深化供给侧结构性改革有利于推动实体经济的全面发展，这也是实体经济的发展目标。加强现代服务体系建设，能够促使实体经济实现持续、健康发展。从目前来看，为适应现代社会服务业的发展需求，我国职业教育院校已经建立了相对完整的相关学科体系，能够向社会服务业输送高素质人才。

现代职业教育的实施与优化，有利于缩小企业与企业之间的发展差距，有利于为社会相关行业输送优质人才，促使社会各个经济领域实现高质量发展，进而推动整个社会实体经济的发展进程。为实现这一目标，现代职业教育应当实现社会资源整合，充分利用政府政策、社会力量、同类院校的支持，促使中国制造业与实体经济实现进步与发展。

4. 职业教育助力乡村振兴

在乡村振兴发展背景下，实施职业教育有利于推动乡村振兴的落实与实现进程。农业在我国经济社会领域占据重要地位，解决"三农"问题有利于实现我国的发展。2022年，《中华人民共和国职业教育法》指明，支持举办面向农村的职业教育，组织开展农业技能培训、返乡创业就业培训和职业技能培训，培养高素质乡村振兴人才。[①] 在乡村振兴战略的实施进程中，实施职业教育有利于增强智力与人才支撑。

乡村产业兴旺是乡村振兴战略的内在要求，在乡村地区实施职业教育有利

---

① 梅乐堂. 职业教育助力乡村振兴研究 [J]. 教育与职业，2022（17）：40-43.

于推动乡村产业的优化升级进程。经济落后是乡村落后的一大表现，应当通过产业优化升级增加农民收入、发展支柱产业。在此过程中，实现技术与技能创新是重要的动力来源，有利于实现乡村生产技术更新与升级，进而推动产业升级进程，而实施职业教育正是向农村劳动力传授现代技术与技能的好机会。

5. 职业教育助力精准扶贫

在接受职业教育以后，没有工作的受教育者更容易凭借一技之长找到工作，在岗的受教育者能够增强自我发展的内在动力。基于此，实施职业教育有利于实现造血式扶贫。在民生发展过程中，实施职业教育能够有效解决民生问题中的就业问题，促使普通民众实现就业与职业能力提升，进而促使其增加收入，在欠发达的乡村地区实施职业教育还有利于缩小城乡发展差距，推进共同富裕的实现进程。

为了提高扶贫造血能力，职业教育工作的开展应当坚持个体就业创业的目标，促使其创新能力、实践水平等不断提高；应当结合实际岗位要求与实际教育内容开展相关教育活动，促使培养出的技术技能型人才尽快适应岗位环境；应当放远目光，促使我国民生事业不断发展，满足人们的发展需求，进而促进社会主义和谐社会的构建。

6. 职业教育是加速生产技术更新的重要途径

在中国古代，社会生产技术已经获得了一定的发展，这要归功于劳动者的智慧和经验。人本身不能在没有经验和知识的情况下推动生产技术的发展，而是需要在后天学习相应的职业教育中的知识来丰富自身的知识体系，提高自身的职业素养。因此可以说，职业教育能够促进生产技术的创新。

在实际生活中，许多工厂或工地上的劳动者的职业素养不高，他们的工作做的不好，这严重影响了生产技术的发展。劳动者不具备较高的职业素养，就不能快速学习先进的技术和工艺，更不能在掌握先进技术的基础上创造新的技术。职业教育可以促使劳动者丰富自己的职业技能，从而有效地推动生产技术的革新。

（二）外在价值

职业教育有很高的内在价值，同时也有很高的外在价值。职业教育不仅能够直接对受教育者的全面发展起到推动作用，还能够对社会的全方位发展起到促进作用，体现出自身的外在价值。职业教育的外在价值彰显出其重视价值主体和价值的多元性的特点，这为人们充分认识职业教育的价值提供了重要的依据。但是，职业教育的外在价值研究存在以下两点问题。

其一，人们虽然在以往的研究中了解了社会的经济、文化等价值主体，却没有研究过自然环境。这体现出人们以往的研究的片面性和主观性，体现出人们对自然的忽视。自然是与人类生存息息相关的环境要素，必须得到人们的重视。以往人们在研究职业教育的外在价值时，仅研究与人类发展相关的经济、政治和文化等价值主体，忽视了重要的自然主体，这导致以往的职业教育外在价值研究不够透彻，也不够全面，体现出一定的功利性。

其二，以往人们使用的研究方法是先预设一个结论，再根据预设的方向进行研究，这种研究方式不能很好地体现出职业教育的外在价值，只能通过研究职业教育对社会发展的作用来判断职业教育的价值，这导致价值主客体之间的价值中介被忽视。我们需要深入分析和研究价值中介，不然就无法深入了解价值主体和客体的互动关系。我们如果不去研究职业教育与自然、社会经济、文化的互动作用，就会使职业教育外在价值研究的结论缺乏客观性和全面性。

下面笔者将详细分析一下职业教育的外在价值。

1. 职业教育能够保障安全和促进发展

职业教育的思想和价值都有其自身的独特性，能够对社会起到维持稳定和促进发展的作用。这也是职业教育的使命观。

（1）符合党和国家重大部署，符合党的教育方针

中国共产党治理国家时，会遵循一个治国的重要原则，那就是做到维护社会长治久安，促进社会的发展。[1] 我国在发展的道路上一定要根据国家安全观进行发展，准确把握正确的发展方向，保证国家的国土安全、科技安全等，保障经济能够平稳发展，用强大的经济实力来进一步加大国家安全保障力度。我国要围绕经济建设来推动社会的发展，要走正确的经济发展道路，保障经济能够持续发展，不破坏生态平衡，这样才能够保障人类赖以生存的自然生态的平衡，才能有效发展经济，才能提高人民的生活幸福感，才能保障社会的和谐。一线劳动者接受职业教育后，就能够具备丰富的知识储备，成为经济发展领域内的技术型人才，为经济的持续发展提供人才资源。我国要确保职业教育符合党的教育方针，能够体现出社会主义核心价值观，能够促进社会主义现代化建设，培养出大量的高素质职业人员。

（2）符合职业教育的规律，有利于引导职业教育科学发展

在我国的职业教育体系中，培养受教育者的职业技能和职业素养的课程的

---

[1] 苏庆民. 新时代职业教育的使命与教师的革命［J］. 山东电力高等专科学校学报，2023（1）：1-6.

目的就是提升受教育者的职业能力水平，使受教育者有专业的技能，能够在工作岗位上好好工作，达到岗位要求，从而保障职业者、设备和组织的安全。职业教育内容包含素质教育和思想政治教育，能够使受教育者接受全面的教育，从而实现个人的全面发展，能够使其在工作岗位上从事生产活动，也能促进企业的发展。

在职业教育体系中，技术与技能不是唯一的教育内容，教育者还应树立受教育者积极、健康的价值观，这就要求教育者在工作过程中重视思想政治教育工作的实施。以正确的政治思想观念为指引，是充分发挥现代职业教育价值的重要前提和必要条件，这能够使职业教育工作的开展坚持正确方向。不然，职业教育体系建设工作的开展也是徒劳。

这些特征是职业教育能够与其他类型的教育相区分的地方。学校要认识职业教育的使命观，了解职业教育对保障社会安全和促进社会发展的作用，明确职业教育的主要内容和常用的教学方法，挖掘职业教育的资源，建立科学的职业教育评价体系，科学组织职业教育活动。

（3）能够有效激发学生学习的主动性，有效提升组织对职业教育的关注度

目前，我国学生需要通过考试来获得升学机会，其中，成绩优异的学生可以进入一流高校学习，而成绩较差的学生会选择去职业院校学习职业技能，这就使得一些学生在接受职业教育的时候产生厌学心理。接受教育的学生普遍存在学习习惯不好、自制力不强的问题。因此，教师需要引导学生形成良好的学习习惯，并提高学生学习职业技能知识的主动性。教师可以在讲课时先讲工作时的个人安全知识，激发学生想要学习职业安全教育知识的兴趣，然后再引导学生学习其他的职业教育知识。学校要展现职业教育对社会的作用，争取更多来自政府的支持；要坚持发展的原则，积极与周围的企业进行合作，开展校企合作模式，促使双方实现进一步的发展。可见，职业教育能够促使高校和企业形成一种健康的合作机制，能够用健康的发展机制来推动职业教育整个体系的发展，培养出更多职业人才。

2. 职业教育是助力大国外交的开路先锋

在外交领域，推动技术交流对大国外交的积极效应较为显著。[1] 但就技术

---

[1] 张家勇. 现代职业教育的价值内涵、发展困境与战略选择 [J]. 职教通讯，2020（9）：16-20.

而言，技术不因所属人的国家、意识形态以及价值观等发生改变，技术是一种比较客观的要素，适应于任何国际交流与交往过程。为了推动"走出去"进程，我国在开展职业教育工作的过程中应注意充分利用国际环境条件，使相关院校、机构等与社会企业建立合作关系，积极探索教育实践。

在当今世界，人们越来越认识到，职业教育工作的开展与本国经济增长状况具有密切联系，满足社会发展需求的职业教育体系有利于加快经济增长速度、提高经济增长质量。可见，本国职业教育体系建设影响着国家经济发展水平、发展质量等。基于此，人们应当深刻认识现代职业教育体系的建设价值，相关部门应在工作过程中贯彻先进经济与教育理念，真正提高职业教育的办学质量。

第二章　现代职业教育课程理论

职业院校的课程设置直接影响着院校的人才培养质量,保证职业教育内容的全面性为全面提高教育者的素质、能力等提供了重要保障,有利于加强现代职业教育体系建设。从目前来看,我国职业教育相关理论与实践发展并不完善,普通民众、职业院校以及培训机构等对职业教育的认识还不够全面、深入。其中,职业院校的认识不深入,就会导致职业教育课程建设存在问题,这不利于职业院校培养高素质的技术技能型人才。基于此,本章将梳理现代职业教育课程的相关知识,以期为我国现代职业教育课程建设提供借鉴。

第一节　现代职业教育课程的目标

一、职业教育课程概述

(一) 职业教育课程的定义

受教育者接受职业教育的过程其实就是受教育者习得一技之长的过程,现代职业教育能为经济社会培养技术技能型人才,促使受教育者接受教育后能达到特定工作岗位对入职者的资格要求。职业教育的主要任务就是帮助、引导学生就业,同时强调学生的个性发展,为学生的可持续发展创造条件。

具体来说,职业教育体系中的教学大纲对职业教育工作的开展起指导作用,所有教育教学活动的开展都应满足大纲中的相关要求。

鉴于我国各地区、各行业发展不平衡导致的极大差异,对职业教育各个专业,制定相应的国家、地区或行业课程标准,将有利于提高职业教育质量,并实现职业教育的规范化和标准化。

（二）职业教育课程的思想

1. 能力观

在职业教育课程体系的建设过程中，首要的思想基础就是能力观。学生在学习以后，其方法能力、专业能力、关键能力以及社会能力都要有所提升并达到一定水平，这是职业教育工作开展的一大任务。

在职业活动中，个体要想不断学习、掌握新技能，就必须拥有一定的方法能力，该能力是基本的发展能力，能够帮助个体提升职业活动的针对性与有效性，促使其能够通过具体活动解决实际问题、满足自身的持续发展需求。

在职业生涯中，具备专业能力是个体入职的必要条件，即个体掌握某一工作岗位所需要的技能、知识等。该能力是职场中个体的基本生存能力，是胜任工作岗位的核心本领。

社会能力技术与基本生存能力，又属于基本发展能力，社会个体不可能孤立于社会而存在，这就决定了职业活动其实也属于社交活动，个体通过交流、沟通等社会交往行为获取所需的信息，不断提升环境适应能力等。

个体进一步发展自身的方法能力与社会能力，就会获得关键能力，关键能力实现了对个体专业能力的抽象化。这种能力对劳动者未来的发展起着关键性作用，又称为跨职业能力。

2. 专业观

职业教育课程与专业有着密切的关系。

自然科学教育类课程用于培养科学型人才，其学科体系的系统性比较强。

技能教育课程的目标是培养大量的技能型人才，使人才能够胜任工作。其学科的系统性不强。

工程教育和技术教育课程的目标是培养工程型、技术型人才，其主要内容是基础和专业理论。

技术教育课程的就业方向更加明确。学生学习技术教育课程后，就能够在工作车间进行工作。

3. 应用观

职业教育课程内容具有明显的应用性。职业教育课程设置者应联系社会实际岗位要求进行课程编排与设置，职业实践活动也应成为职业教育课程实践教学活动的重要组成部分。课程设置者应保证职业教育课程的正常传授，促使学生在学习以后能够直接将课程所学内容应用于实际职业活动，并应保证学生所学知识与技能符合当下时代语境。基于此，直接经验是职业教育课程内容的重要组成部分,职业教育课程教学活动与社会环境中的实际职业活动密切相关。因此,职业教育课程在选择和组织课程内容时,应紧紧围绕有代表性的职业活动,将专业知识传递给学生。[1] 因此,教师应该要使学生能够掌握职业技能,使学生学以致用。

(三) 职业教育课程的特点

目前,信息技术不断发展,人们获取信息的速度不断加快、获取的信息总量也在不断增加。得益于现代数据处理技术的应用,人们能够基于一定量的数据信息获得更客观、更可靠的结论。在教育领域,应用先进信息技术使办学过程更具客观性,教育者能够借助相关技术找到教育与其他实践活动的融合点,顺应世界的融合发展进程,教育与产业化实践活动的融合发展也符合这一特征。

面对当下社会对人才的需求,即社会发展需要综合型、技术技能型人才,我国应加强教育事业建设,不断完善职业教育体系,致力于培养综合型技术人才。[2] 为此,现代职业教育课程建设应以社会人才需求为重要依据,不断促进学生的持续成长;同时还应注意深刻分析、掌握当前社会的就业形势,通过设置科学的课程不断增强学生的实践能力、创新能力等。

二、认识职业教育课程目标

教育是有目的、有目标的活动,而职业教育课程也有自身的目标,能够体现出职业教育的目的,展现出职业教育的价值。职业教育课程目标侧重于学生在接受职业教育后的学习成果,能够体现出职业教育培养职业人才的实质。教师在挖掘课程资源和开展教学活动时,需要根据职业教育课程目标来开展这些工作。因此,职业教育课程目标能够指导教师的工作。

职业教育的课程有其自身的特点,也有其自身独特的发展理念。笔者认为,我们要充分尊重职业教育课程的特点和发展理念,用发展的眼光看待职业教育课程目标,要根据社会对人才要求的变化不断调整职业教育课程目标,以培养学生具备企业所需的职业技能,增强学生的就业竞争力。学校在制定职业教育课程目标时,要先根据社会需求来制定大致的课程目标,然后再重点突出

---

[1] 周明星. 藩篱与跨越 高等职业教育人才培养模式与政策 [M]. 武汉:华中师范大学出版社,2018:136.

[2] 周健. 职业教育课程设置的基本原则分析 [J]. 现代职业教育,2020 (13):156-157.

职业能力的重要性。在能力本位理念中,职业教育课程目标就是培养学生的职业能力,使学生能够胜任将来的工作,能够在自己的工作岗位中做出一番成就,获得长久的事业。学校可以根据一个具体的岗位信息设置职业教育课程目标,也可以根据一个行业的信息设置职业教育课程目标,从而有针对性地提高学生相应的职业能力水平。学校可以先收集实际的工作中的信息,在职业教育课程目标中体现实际岗位所需的工作能力,使学生在校园中就能掌握相应的工作能力,从而缓解就业压力。我们解读职业教育课程目标需要从多角度、多层次来解读,因此可得知我国职业教育课程目标呈现出了多元化的特点。

三、职业教育课程目标是特殊的

职业教育区别于其他类型的教育,核心差异就在于其课程目标的特殊性。职业教育课程目标的特殊性主要体现在以下几个方面。

(一) 职业教育课程目标的价值取向是特殊的

职业教育是一种特殊的教育类型,而职业教育课程目标的价值取向也有特殊性。职业教育课程目标的价值取向体现了这类教育的内涵和特点,能够为职业教育的发展提供可参考的方向。职业教育课程目标的价值取向能够直接决定职业教育的效果和发展方向。因此,职业教育要有明确的课程目标价值取向,它能够提升职业教育教师的教学自主性意识和反省意识,能够促使课程目标不断发展,符合社会对人才的需求。现代职业教育强调教学活动的人性化和灵活性,重视学生的全面发展,并不将学生看作工厂中的生产工具。在这种现代职业教育理念下,职业教育课程目标会体现出更合理的价值取向。

从课程目标的价值取向来看,普通教育以掌握知识和理解力为主,而职业教育则是以技能获得为主。这是从普遍意义上而言的,因为普通教育的某些课程也可以让学生获得一定的操作技能与动作技能。职业教育也有文化课、专业基础课,但两者的课程内容主体和价值追求存在明显差异。为了满足这种课程价值追求,要保证普通教育与职业教育对学习者学习效果评价标准和方式的差异性。普通教育对学生学习结果的评价是书面化的,以考察知识掌握的广度和深度为核心目的,而职业教育则是以实践操作作为主要内容,虽然过程性评价也会涉及书面化方式、考察职业知识的掌握情况,但是最终的考察对象还是实践技能操作水平。

（二）职业教育课程目标确定依据是特殊的

职业教育的核心要素和内涵以及特点都是其课程目标确定的依据。职业教育课程目标确定的核心要素依据包括：①受教育者自身的个性；②受教育者的学习需求；③企业对应聘者的能力要求。[①] 我们还可以从职业教育的内涵和特点角度来确立职业教育课程的目标。

职业教育课程目标具有定向性特点。职业教育是帮助学生掌握职业技能的教育，目标是培养大量的有真才实学、能够在一线工作的高素质人才。职业教育课程能够带领学生提前了解将来工作岗位的信息，能够使学生了解社会对人才的需求。高校能够针对某个职业设置不同的课程内容，不同于普通教育的非定向性特点，职业教育课程有着突出的定向性特点。

职业教育课程目标具有应用性特点。职业教育是专门培养学生工作能力和职业技能的教育，能够为学生传授丰富的职业经验，要求学生掌握工作技能，增强自身的竞争力。因此，职业教育课程目标应当有鲜明的应用性，能够根据企业中的岗位进行课程目标内容的调整，使课程目标的针对性更强。这会使职业教育课程内容更符合实际，也能增强课程目标的应用性。

职业教育课程目标具有适应性特点。职业教育是不断根据企业发展需求而变化的教育，目的是培养新时代的高素质职业人才，而产业是一直在发展的，这就使职业教育课程目标必须具有适应性特点。产业的发展会受到技术变化的影响，会受到产业结构变化的影响，也会受到职业内容变化的影响，这就要求职业教育课程要能够随时跟着产业的变化而变化，可以适应产业的发展。

职业教育课程目标具有实践性特点。职业教育以职业为导向，其实践性要强于普通教育。职业教育的对象要在接受教育的过程中学会职业技能，具备职业素养。职业教育更加重视学生的实践能力，希望学生能够在学习课程后增强动手能力。这一点也体现在职业教育课程目标中。

确定职业教育培养目标的依据如下。

（1）党和政府制定的相关政策、法律等。我国的相关政策与法律是职业教育工作开展的根本依据与指导，其设立的目的是实现人的全面发展以及社会的进步。具体来说，政策与法律规定了我国职业教育的目标实现渠道、人才培养规格以及工作指导思想等。

---

① 张健，陈清．职业教育课程目标确认的价值、依据与内涵［J］．职教发展研究，2019（1）：32－36．

(2) 社会经济发展需求和学生职业发展。先看社会经济发展需求，这与职业教育的基本职能相符合，其培养的学生就是能满足社会经济发展所需要的应用型人才。因此，在专业设置、课程目标、课程内容与组织、课程实施等方面，都需要参照社会经济、产业发展的需求，而课程目标只是其中的一个方面。再看学生职业发展的需要，职业教育除了要满足社会经济发展的需求，还要对个体的职业生涯有帮助，这就是职业教育的社会功用和个体功用兼具特征的反映。因此，职业教育课程目标一定要用明确的语言表达出学生通过教育可以在知识、技能、素养等方面的进步，并指出可以将这些习得应用在哪些行业、岗位，进而在职业发展上的进步路径又有哪些等。满足学生职业发展的需要，是与普通教育相比职业教育课程目标所特有的。

(3) 学制、学历及国家职业分类与职业技术等级标准。培养目标的制定，不但要对应相关学制、学历及国家职业分类与职业技术等级标准，而且应有一定的前瞻性。这样才能使职业教育起到引领新知识、新技术、新工艺、新设备的作用。学制与学历要求是培养目标的具体表现。国家职业分类和职业技术等级标准是确定职业教育培养目标内涵的最重要的依据。①

四、现代职业教育课程的目标体系

（一）致能目标

致能，即达到或实现能力培养目标。它是职业教育的首要目标，这一点任何时候、任何情况下都不允许有半点含糊和动摇。

什么是职业教育课程致能目标呢？通俗的描述就是"会做"，就是"动手能力"培养。当然，笔者所讲的技能指的不是需要耗费大量体力的技能，而是高新技能和创造技能。职业教育课程目标是丰富学生的智慧技能，提高学生的工作灵活性，使学生能够在社会中从事高薪的工作，而不是去从事低薪的、以动作技能为主的工作。高新技能就是这种以智慧和创造为特点的技能。现代职业教育重点培养的是学生的高新技能掌握能力，促进学生提高就业竞争水平，使学生能够不被社会淘汰。在另一种目标观看来，学生在学习职业教育课程内容后应当增强自主解决问题的能力，这是职业教育课程设置应当完成的任务。技术实践能力指的是以技术为主要内容，以熟练运用为目标的能力，这种能力的获得需要学生深入研究技术，锻炼自己的思考能力，用思考来加深对技

---

① 宁莹莹. 现代职业教育理论与实践探索 [M]. 长春：吉林人民出版社，2021：39.

术的印象，来进行创造性活动。职业教育课程目标包括致能目标，能够促进学生了解掌握技术的使用方法，增强学生的实践能力。

(二) 效能性目标

效能性目标包含着对具体课程的价值判断过程。面对一定课程体系，个体通过对课程实施过程、课程准备工作以及课程目标达成条件等的分析，对课程的功能进行判断，这就是个体对课程的效能型评估过程。

(三) 思维目标

学生要想胜任工作，就要在增强自身职业能力的同时开发自己的思维，学习更多知识，以锻炼大脑，拓展思维。作为职业教育对象的学生的知识储备量可以比普通高校学生的知识储备量少，这是因为职业教育的对象将来需要带着自己的职业技能走上岗位工作。但这不代表职业院校的学生不用思考问题，相反，职业院校的学生更应该拓展自己的思维，积极思考与职业相关的问题，以提升自己的职业素质。

在现代社会，许多产业面临转型升级的问题，这使得产业需要大量的有思维能力的工作者。因此，职业教育课程目标需要体现拓展学生思维的重要性。

第一，学校应开设能够有效拓展学生思维的课程，使学生能够在学习课程时锻炼自己的思维能力和创新能力。职业教育教师讲授技能时，需要采用头脑风暴等方法，在合适的时候锻炼学生的思考能力，给予学生一些专业的意见，使学生能够在职业教育中拓展思路，挖掘自己的思维潜能，从而提高自己的思维水平与综合素质。学校还可以开设专门培训学生思维能力的课程，如逻辑学，使学生能够在学习职业技能知识的同时学习其他的知识，开阔视野，进而提高思维水平。

第二，学校要使职业教育课程发挥培养学生思维能力的作用。教师要在讲述理论知识的同时教授技能实践方法，开发学生的思维潜能。职业院校的学生如果只记理论知识，不去思考知识所含的内涵和逻辑，就不算真正学会了知识。学生需要好好思考如何使用知识解决问题，如何使知识发挥更大的作用，以提升自己的思维水平，获取真知。学生可以在一个具体的情境中通过自主解决问题来锻炼思维能力。学校需要为学生构建这样的情境，提高教育水平，以有效拓展学生的思维。职业教育只有这样才能培养出智商高和实践水平高的"双高"人才。

第二节　现代职业教育课程的类型

一、依据课程形态划分

依据现代职业教育的课程形态划分，可将课程分为学科课程和活动课程。

学科课程的主要内容就是职业理论和技能知识。学科课程的主要教学形式是课堂教学形式。职业教育教师在组织学科课程内容时，一般会先梳理内容的连贯性和系统性，将复杂的理论知识用生动的语言讲解出来，使学生能够在课堂上理解职业技能知识理论，牢记重要的知识。学生如果仅在课堂中学习技能知识，容易导致自身的思想和情感被忽视，无法提高学习课堂知识的积极性，更无法将学到的知识在实践中运用。因此，学校应该改革学科课程。

活动课程是以学生的兴趣爱好为中心，打破学科界限，提倡"在做中学"，也就是把科学知识与生活实际以及职业要求相联系，培养学生动手能力的课程。高等职业教育要培养应用型人才，就要培养学生的交往能力和组织能力，增强学生的社会适应性。活动课程是理论与实践相结合的最佳形式，是必不可少的课程。在职业教育实践中，活动课程指的是有目的地组织职业实践活动的课程。活动课程的实践内容主要包括组织学生进行实验、组织学生进行企业实习、带领学生创新技术等。活动课程能够促进学生在活动中释放天性，提高学生参与活动的积极性，以集中学生的学习注意力，巩固学生在活动中学到的知识，使学生在实践中运用技能，深入了解学过的知识的内涵，形成系统的知识体系。学生能够在活动课程中掌握职业技术运用技巧，在工作中灵活地运用已知的技能，为企业的发展做贡献。

二、依据学习的规定划分

依据学习的规定划分，现代职业教育课程可分为必修课程与选修课程。从字面意义上理解，必修课程就是学生必须学习的课程，选修课程就是学生可根据自身需求自行选择的课程。

通常来说，学校的必修课程是由本校规定的，要求每个学生都必须学习必修课程并达到必修课程的要求。学校的选修课程没有硬性规定，因此，学生可以根据自己的时间和爱好等选择选修课程，丰富自己的职业技能知识。选修课程主要包括两种：一种是学校规定的限定选修课程，要求学生选择可选范围内的几门课程；另一种是自由选修课程，允许学生在所有课程中选择自己想选的课程。

学校要设置更多的选修课程，允许学生根据自己的时间和需求来选择课程进行学习，这样能够保证学生选择的课程是自己喜欢的，以增强学生上课时的注意力，提高学生的学习积极性，全面提升学生的职业素养。职业教育也要保证学生的学习生活有部分自由，要解放学生的天性，尊重学生的个体差异，站在学生的角度考虑问题，使学生能够在良好的氛围中学习知识。

三、依据呈现的方式划分

依据呈现的方式划分，现代职业教育课程可分为显性课程与隐性课程。

显性知识是常见于课堂教学的知识，能够被系统的编码表达出来。[1] 学校梳理显性知识和隐性知识，能够更好地明确知识的类型，为教育工作的开展提供依据，也为教师选择教学方法提供参考。

在学校教育情境中，能够以较为直观、明显的方式呈现出的课程是显性课程，其又被称为官方课程或正式课程。

隐性知识是一种不明显的知识，不常见于课堂教学，难以被文字表达出来。教师很难将隐性知识传授给学生，因为这需要学生能够充分理解并吸收这些隐性知识。因此，教师一般会采用组织实践活动的形式使学生在实践中获得隐性知识。教师明确职业教育隐性知识的界限，就可以为职业教育实践课程的开展提供参考。

在学校教育情境中，以较为隐晦、非官方的方式呈现出的课程是隐性课程。隐性课程时常带有非计划性、非预期性、潜在性。因此，隐性课程还有潜在课程这个名字。隐性课程由物质、文化和社会关系等构成的，存在以下几种类型。

一是制度性隐性课程，这里的制度指的是学校的规章制度；二是关系性隐性课程，这里的关系指的是学校中的学生与学生之间的关系、学生与教师的关系和师生与社会中的人的关系；三是校园文化隐性课程，这里的校园文化指的是学校文化的价值取向和氛围等；四是校园环境隐性课程，这里的校园环境指

---

[1] 李必新，唐林伟. 职业教育课程知识分类：依据、形态及表达[J]. 中国职业技术教育，2021(23)：46-53，63.

的是校园场所的设计等。

四、依据课程组织形式划分

在科学技术飞速发展的背景下，人类的知识体系更加完善，且知识开始向着专业精深化的方向发展。与此同时，各种分支学科迅速涌现并发展了起来，为了促进知识的进一步融通，各个学科应该不断地实现渗透与融合。学科融合逐渐成为学科发展的趋势，这让知识被快速更新，知识更新的周期也在迅速缩短，课程内容体系变得更加丰富。不过，笔者也要说明的是，中国各大高校在学科、学分等方面的限制，使许多知识其实并没有被真正被落实，学生无法学习更加全面、新颖的知识。为了解决这一问题，高校应该设置综合化课程。

现代职业教育课程应该根据其不同的属性和组织形式进行划分，并根据其不同的组织形式进行课程内容的安排。课程可以分为分科课程与综合课程。

分科课程主要是根据专业的方向设置的课程，是不同的科目下衍生出的课程。这门课程强调其独立性，且需要有完善的逻辑，可以提升学生自身职业技能。综合课程主要是指不单独针对一门学科，而是运用两种及两种以上学科的知识来学习相关课程，研究相关理论。

笔者认为，高校应注意分科课程与综合课程的结合。具体来说，高校应对理论课程进行必要的优化，不仅要对各种学科知识之间的关系予以谨慎考虑，而且还要重视职业教育发展、学生学习的实际诉求，加强综合科的设置与建设，尤其是加强实践课程建设；在理论教学方面，应该将教学的基本性与综合性结合起来，应突破传统学科课程设置的局限性，以学生的就业需求与长远发展需要为依据，为学生筛选学习的知识，要设置综合性的课程；在实践课程方面，高校应该基于学生的专业知识掌握情况、学生的综合能力等组织多样的实践活动，让学生在参与实践活动的过程中验证所学理论知识，同时提升自己的操作能力。

五、依据课程设计、开发和管理主体划分

依据课程设计、开发和管理主体划分，现代职业教育课程可分为国家课程、地方课程与校本课程国家课程。

国家课程是指国家或者有关部门等认可或者制定的课程政策。这一类课程是基于我国现有的学情制定的课程体系，针对的是全体的职业教育学生，主要包括教育部或者有关部门制定的各类课程方案与教学目标与规划、课程比例和

范围以及教材的选用与审查等。国家课程是一门基于大部分学生所衍生出的课程，集中体现了国家的意志，也体现着国家教育的质量和水平，因此，国家课程应该有统一的课程规定，并带有一定的强制性。

地方课程是指地方根据自身教学特色或者学科性质制定的课程，既有对国家课程的个性化加工，也有地方自主开发的特色性课程。地方课程覆盖的范围比较小，只针对个别地方的教育，是特色化的教育课程。

校本课程是指学校内实施的课程。无论是国家课程，还是地方课程，或是学校自己开发的课程，只要是在学校内实施的课程都可以称为校本课程。但狭义的校本课程专指学校根据自身的特色开设的课程，是只面对学校内学生的课程。目前，人们习惯上将院校自己开发的课程称为校本课程，以区别广义的院校课程。

第三节 现代职业教育课程的结构

一、职业教育课程结构简述

课程结构主要分为两部分，一是课程不同层级之间的组织架构，一是课程内部的组织形式。[1] 我国的职业教育主要分为中等职业教育和高等职业教育，两者虽然是两个不同的教育层级，但也构成了一个完整的教育体系，两者之间有一定的连贯性与逻辑性。但这种逻辑性并不完整，在理论的学习方面具备一定的逻辑性，但在实践方面，两者存在一定的差异。

首先，两者的入学考试层级不同。高职院校面向的主要是经历过高考的学生，其课程体系多向各大高校看齐，希望培养出具备高素质理论知识水平的职业人才，考试内容也多与高中课程内容相关；中职院校面对的是未经历高中阶段的学生，主要的课程内容是培训学生的职业技能，与高职的课程体系出现了割裂。

其次，中职院校与高职院校作为职业教育的重要育人场所，应该构建"能力递进"的教学体系，但由于我国职业教育发展体系还不够完善，两者之间的联系较少。因此，人才培养出现了断层现象，学生的职业技能水平也普遍

---

[1] 罗颖. 高等职业教育课程的优化思路研究 [J]. 牡丹江教育学院学报, 2021 (11): 40-42.

处于较低水平。

二、职业教育课程体系的基本结构

（一）课程属性结构

我国的职业教育课程有不同的类型，不同类型的课程组合形成了不同属性的课程，因此在职业教育课程的制定中需要综合考虑其课程属性。[①] 我国课程可以分为人文型与科技型、理论型与实践型、本土化与国际化等不同的类型，在追求课程体系的合理性时，课程还需要追求和谐性、均衡性与适切性。学校在追求这种和谐性、均衡性与适切性时，要结合当下社会的现状，结合学生的生活需求以及学习需求等，并根据自身学校的特色，构建出最符合职业院校学生的课程体系，以帮助学生掌握更多实用的职业技能。

在课程属性结构的运用中，最常见的模式就是"一条线、两个体系"的应用模式，这个模式是指以培养学生的职业技术能力为主线，在学校内实施理论教学体系与实践教学体系。另外，在我国教育改革中，有的职业院校还增加了素质养成体系。

（二）课程形的结构

职业教育课程形的结构主要是模块化。模块化的课程主要是指根据某一特性，将整体的课程划分成不同的部分，这些不同的部分有自己的联系，但在某些方面却又相互独立。也就是说，不同的模块之间可以根据一定的形式组合成一个系统，但不同的模块也可以独立存在。

模块化课程建设的主要目的是对传统教学内容和教学模式进行改革，充分发挥知识模块在人才培养过程中的重要作用。[②] 模块化课程建设作为一种新的教学模式和方法，目前已经被很多高校所采用，尤其是对传统教学内容进行结构调整，采用项目伴随式教学方法，提高高等教育教学质量和水平。在此，以模块化课程建设为研究对象，进一步探索模块化课程建设的评价指标体系。

模块化的课程较之以学科为体系的课程有着如下的优点：

一是课程比较灵活。模块化的课程正由于是不同的模块，它们彼此之间的

---

① 柴蓓蓓. 信息时代下高等职业教育发展 [M]. 长春：吉林出版集团股份有限公司，2020：60.
② 王常华，周益. 模块化课程建设的指标体系研究 [J]. 黑龙江教育（理论与实践），2021（7）：82-83.

联系比较弱，教师可以根据不同体系课程的学习进行模块化的整合，既可以节省学生的学习时间与精力，也易于改革创新。将课程分为不同的模块后，教师可以根据面向的学生群体的不同进行模块的重新组合与优化，也可以根据当下社会的变迁，及时增添新的技术课程，以保持课程的先进性。现代社会对人才的要求与以往不同，学生需要有广博的理论知识，也要有一定的专业技术能力，因此，模块化的教学可以有效满足当下社会的人才需求。

二是课程还具备一定的开放性。在模块化的课程中，学生可以根据自身的学习情况进行学习状态的调整，学生拥有更多自主权。处于同一门课程学习中的学生可以学习不同的课程模块，也可以处于同一模块的不同阶段。学生学习受到的限制在不断减少，学生可以在一定的范围内进行学习，学习的松弛感在增加。

（三）课程层的结构

职业教育的层次问题决定了职业教育课程的层次结构。职业教育本身就具有不同的层次，因此，这也导致了课程体系的多层次化。

职业教育的教育目标是培养具备职业技能的学生，但学生的职业技能水平却有不同的层次。因此，教育课程需要根据不同层次的学生进行课程层次的划分，希望学生通过课程的学习之后达到相应的职业技能水平。

第四节　现代职业教育课程的开发

一、认识职业教育课程开发

职业教育课程开发是指职业教育要立足当下社会现实，结合职业发展需要进行学科体系的开发。[①]

首先，职业教育课程的开发要基于整个学科系统，不能脱离原先的教育框架，而是应该在原先的教育体系结构中进行课程的开发。

其次，在职业教育课程开发中不要再以学习理论与职业分析为重要基础，

---

① 谢冬红，靳紫涵，黄勇建. 双线混融教学背景下职业教育课程开发的特征、问题及应对策略[J]. 淮北职业技术学院学报，2023（1）：68-72.

而是应该以工作过程为导向，不断开发实用性的课程。职业教育课程的开发需要基于职业教育多样的元素，比如需要考虑课程学习的环境，课程涉及的学生的属性，课程的利益相关者，以及如何检验课程的教学成果，等等。开发的职业教育课程需要与整体的职业教育课程体系保持一致性，还需要考虑这些教育课程中所有的显性或者隐形的决策。

最后，职业教育课程开发需要基于相关行业的现状。职业教育旨在引导学生成长为合适的职业人才，因此，职业教育需要考虑不同行业、不同类型职业所需要具备的能力，要根据需要培养不同行业群体的认知、技能等。

二、职业教育课程开发的原则

职业教育课程开发需要遵循一定的规范，也需要考虑所面向学生群体的感受。职业教育课程开发主要涉及课程方案、课程标准和课程教材的编制工作。职业教育课程开发基本上都遵循以下几条原则。

（一）合作性原则

职业教育的课程是教导学生基本的理论知识与实践技能，是联系教育理论与教育实践的重要媒介，课程中也涉及许多利益主体。职业教育课程开发涉及多样的利益主体，主要包括职业院校的工作人员、行业或企业内的人员等，不同的教学风向可能会牵涉不同人的利益。因此，职业院校的课程开发要遵循合作性原则，各个课程开发主体需要持有共同愿景，并在这一课程上达成共识，彼此信赖与协作才能促成课程的有序展开。

（二）分权化原则

职业教育课程设置与发展决策应该由教育部门制定，当然，教育部门并不是唯一的政策制定者，产业界应该积极参与进来，将自己的人才需求"讲"清楚。基于此，高校就能将用人单位对人的需求转化为人才培养方案，并将其在课程设置中展现出来。

课程决策的分权化是指，职业课程的开发权属于教育部门、高校、用人单位，多方应该发挥自己的优势、基于自己的诉求，成立专业管理委员会，该组织负责制订专业发展计划、教学计划，设置专业课程。从本质上来看，专业管理委员其实就是课程决策分权化在行政制度层面上的表现。建立管理委员会对于高校开展职业教育有着积极的意义，它能使课程开发工作不再为教育部门和高校所单独开展，也能保证课程开发的全面性与有效性，能帮助高校培养出用人单位需要的人才。

（三）灵活性原则

要保持职业教育的活力，必须首先要保证职业教育课程的灵活性。不管是教学管理者，还是课程开发者，其都应该仔细分析用人单位对人才的需求，能结合学生不同的需求来制定完善的课程体系。职业教育课程必须始终"凝视"一直处于变化中的劳动世界。这样，其才能保持一定的灵活性，高校也才能制订出更加合理的人才培养计划，为用人单位培养大量的人才。

当前，中国许多高校比较关注教学质量，并未真正关注职业教育课程的开发工作。对课程体系进行分析，可以发现，其多沿用过往的课程，没有将学校特色凝聚在课程中。这导致课程同质化现象十分严重。当然，高校教师与管理者不具备课程开发意识也是导致这一情况出现的主要原因。

（四）适宜性原则

1. 因岗而异

职业教育课程开发最重要的是要基于职业的特性找到合适的切入点，要根据职业中的岗位需求进行具体工作任务的分析，并根据工作任务的不同开发出合适的课程体系。职业教育课程并不是面对所有学生的基础课程，它有自己面对的具体岗位，需要根据岗位的不同锻炼学生不同的能力。因此，职业教育课程的开发应该因岗而异。

2. 因校制宜

职业教育除了牵涉学生所需要面对的岗位，还与学生所在的学校这一教育平台有密切联系。职业教育课程的开发需要相应的实训基地、设施等，需要一定的技术投资与技术教师的支持。因此，不同的职业院校可以根据自身的实际情况等开发不同的、适合学校发展的课程方案。

（五）动态化原则

职业教育课程开发是一项系统的、需要长期坚持的工作。高校应该基于职业教育中出现的问题不断地改变教育方法，吸收新的教育理念开展高效的职业教育活动。同时，要加强课程开发，并注意课程开发的动态性，毕竟课程也会随着职业教育的发展而发生变化。

首先，职业教育主张人才应该与社会需求相一致。应该清楚的是，社会对人才的需求并不是固定的，而是处于不断的变化中的，这就要求高校不能过于延续传统教学内容，而是能根据社会需求适当调整内容，开发新的课程，丰富课程内容体系。只有以社会实际的需求为依托，高校才能培养出与社会经济发展需求相适应、能满足用人单位需求的人才。

其次，职业教育课程实施工作也并不是静止的，是处于动态发展中的。课程承载知识，而知识需要不断更新，这决定了课程也不能停下自己的脚步，要最大限度上实现开放。这给职业教育课程开发以启示，在进行职业教育课程开发时，不能只是关注职业教育内部，其还应该与其他学科相互渗透。

（六）实用性原则

职业教育课程需要教给学生实用性比较强的知识与技能，学生通过课程学习后可以提升自身的职业技能，塑造其正确的职业态度。职业教育课程开发也要遵循实用性的原则，需要考虑学生学习完相关课程后会获得哪些方面的提升等。

在实用性原则的要求下，学校开发的职业教育课程必须以提升学生的实际能力为重要基础，要设计尽量真实的职业环境，让学生在不同的情境下进行训练，并让学生通过行动来提升自己的职业能力。职业教育的课程不应该再以学术性的学习方式为主，应该将其与高校理论性的课程区分开。

三、课程开发的主要环节

（一）做好整体规划

在开发职业教育课程之前，学校需要先找到相关职业面临的新挑战。学校要先将职业中面临的新问题或挑战进行罗列，并根据不同的问题或任务进行策略的分析与具体教学内容的增减，要根据现实问题对职业教育课程内容进行全面的解读，并重新选择、建立新型的课程体系。职业教育课程的开发需要以课程理论与实践的发展动态为重要基础，要及时察觉当下社会发展中职业的"痛点"，把握机会，直面挑战。任何改革都应该以过去的经验为基础，要综合多方面考虑，要充分发现前人的智慧，如果盲目进行课程的开发很容易陷进误区，无法达成希望的结果。因此，在课程开发之前，需要做大量的资料搜集与数据分析工作，并写出基础分析报告。

课程开发不是一项简单的工作任务，学校需要做好整体规划，并拆解课程开发的各项模块化任务。制定课程开发的整体规划之时，要充分考虑课程开发的总目标与总任务，要根据课程研究与实践分析确定课程开发整体的思路与具体的实践方法。学校在制定课程开发目标时，一是要立足实际，避免课程目标的假大空情况出现；二是要制定具体的教学目标，并根据教学目标确立合适的教学任务，确定合适的行为策略。

（二）开展供需调研

调查专业的需求和供给情况，包括行业发展、岗位变化、人才需求、能力素质要求、资格证书要求等需求情况，以及中职学校专业设置、目标规格、规模结构、教师配备、课程开发、教学实施、质量评价等方面的供给情况。通过供需综合分析，明确专业的就业领域、目标岗位群，以及知识、能力、素质要求等相关内容。

（三）进行职业能力分析

依托行业企业调研，利用大数据信息技术，召开实践专家研讨会，运用国内外主要的工作任务与职业能力分析方法，针对专业目标岗位群和职业发展路径，确定岗位（群）的主要工作领域，分析典型工作任务，对接国家最新职业标准，明确职业能力素质要求，形成工作任务与职业能力分析表。

（四）选择课程内容

在职业教育课程开发时需要选择合适的课程内容，要根据现有的教育条件进行课程内容的筛选。在选择课程内容时，最重要的标准就是课程纲要，要根据纲要进行课程具体任务和模块的划分。职业教育课程开发的过程也是重新审视职业活动的过程，是确立并完成职业教育目标的过程。

在选择职业活动时，高校不能仅仅关注那些可见的活动项目，而且还应该关注那些无形的东西，比如活动开展过程中出现的问题、活动过程中涌现的新技术等。对于职业教育的发展来说，学科知识的选择并不容易。学科知识与生活知识有着显著的差异，后者体量惊人，往往十分复杂，而前者界限分明。学科知识比较关注两个方面的内容，一是关注知识的发现，另一个则是关注自身的完整性。职业劳动并不一样，它强调的是知识的应用，重点关注这一过程中的劳动技巧。可以看出，学科知识的世界与职业劳动的世界是不一样的。因此，要打破科学知识的界限才能合乎职业劳动的要求。当然，这并不容易。

在进行职业教育课程内容选择时，最好可以建立一个完善的课程内容资源库。建立课程内容资源库时，建立者应该以课程纲要目标为依据。另外，这样的一个资源库往往蕴含庞大的资源，因此，必须对其中的资源进行合理的分类。

(五) 构建课程体系

课程开发需要大量的数据调研，需要根据当前职业发展的客观规律和技术技能人才成长规律等，研发合适的教学内容，明确具体的工作任务，构建专业课程体系。

(六) 课程实施与评价

职业教育的课程必定与社会密切相关，课程开发也要根植于社会，要不断观察社会现实并总结社会经验。课程开发要完善实施与评价环节，要不断进行学科领域的理论创新。[①] 当人们对社会有了新的认识之后，真对职业教育的态度也会发生转变，对职业教育必定会有新的看法，这种转变还会改变其课程实施的理念与方法。

职业教育课程实施是指职业教育教师组织利用课程教材及资源，运用多种多样的教学方式方法，组织教学活动，促进学生的进步和发展，实现职业能力的培养。课程实施的方式方法是多种多样的，其基本原则是：行动导向，"做中学、做中教"，以学生为主体，课堂和实践场所是课程实施的主要阵地。[②] 课程实施过程中要对教学任务进行过程性评价和终结性评价，即课程评价。而职业教育课程评价最重要的特征是基于职业能力标准，即依据职业能力标准建立评价标准，从而有效地检验目标的达成程度。

(七) 课程维护

社会是瞬息万变的，课程也应该是与时俱进的，且任何课程不可能一直保持不变，任何课程都有一定的生命周期。课程都需要进行维护，要不断加入一些新的内容，要根据社会的变化与行业的发展共同进步，让其始终保持旺盛的生命力。课程维护是课程开发中一个小小的环节，主要包括需求分析、需求评审、课程设计、设计评审以及课程实施等活动。课程维护有两种主要模式，一是改正性维护，二是适应性维护。改正性维护主要是指在课程实施过程中及时发现其中需要完善的地方，不断对不合理的地方进行改正，不断将课程调整为最佳状态；适应性维护主要是指不断让课程适应当下的社会需求，不断让课程

[①] 张攀. 职业教育课程本质观演进的三重逻辑 [J]. 南京开放大学学报, 2022 (3): 45-50.
[②] 赵鹏飞, 吴琼, 杜怡萍, 等. 职业能力导向课程及教材开发指南 [M]. 上海: 复旦大学出版社, 2020: 19.

与行业的最新要求相同步，不断调整课程的状态。

四、职业教育课程的开发策略

（一）加强特色课程开发

首先，要重视特色课程开发。职业院校应该精准地定位自己，能明确课程的目标，并进行教学资源的深度挖掘。在重视理论课程开发的基础上，还应该强调实践课程开发，从而建立理论与实践兼顾的课程体系，为学生提供多样的服务。这能进一步强化素质教育的效果，也能让学生重视专业教育。高校应该重视了解产业发展的情况，基于产业发展的实际做出合理的课程开发规划，灵活地设置课程。

其次，要大力进行课程设计创新。在进行课程开发时，高校应该重视理论课程的创新，总结人才培养经验，探索多样的人才培养模式，从而实现课程开发的现实调整。要引入个性化教学理念，尊重每一位学生的个性，从而做到因材施教，彰显职业教育的以人为本特征。高校要了解大多数学生的兴趣、学习诉求，以为学生构建其喜欢的课程体系。这样，学生就会激发自己的学习主动性，积极地参与职业教育活动。

（二）组建"双师结构"创新型课程团队

一是要对组织结构予以活化。高校可以从企业中聘请一些高水平的专家，让他们在高校中兼职，这是高校组建"双师结构"创新型课程团队的必然选择。当然，这些人才一般都是一些技能型人才。除此之外，高校还应该从其他院校引入一些高水平的教学能手，从而使职业教育教师队伍结构更加优化。

二是不断提升兼职教师的教学能力与水平，实现企业产业导师专业化发展。学校可以组织不同的教师培训活动，并让教师积极参与，对教师的参与程度进行绩效的考核，帮助所有兼职教师提升教学能力，且设置一定的合格规范。[1] 同时，鼓励教师之间进行专业上的沟通，促进教师专业队伍的建设，组建"双师型"结构教学队伍，并促进团队精神文化的滋长。

三是大力进行教师晋升与评价机制改革。在对教师进行评价时，不能只看其教学成果，还应该了解他们是否有企业生产项目实践经历；建立更加完善的

---

[1] 刘琴，周哲民，万秋红. 类型教育视域下职业教育课程开发的逻辑分析与路径优化［J］. 职业技术教育，2022（4）：24-30.

兼职教师聘任机制，使更多优秀的教师都能在学校职业教育中大展身手；制订并实施现代产业导师特聘计划，对于在自己的岗位上展现了突出能力的人才，高校可以特聘。这样，人才就能在高校与企业中实现融会贯通。

四是重视专业教师专业实践能力的培养。高校应该进一步充实专业教师的能力结构，使其能具备较强的专业实践能力。同时，从精神文化层面上看，企业的工匠文化、学校的专业文化等都能在学校中交织，这能让教师进一步明确自己的角色，也能使其了解自己应该具备哪些专业实践能力才能高效地开展职业教育活动。

（三）探索回归工作情境的开发方法

专业知识作为职业教育课程内容开发的视角，产生并建构于真实的工作情境中。[①] 学生要想掌握丰富的知识资料，同时能有效解决各种问题，笔者认为，首先问题应该源自一个真实的、经验的情境。可以说，职业教育课程开发并不是着眼于学科知识本位或者技能本位的活动，它需要在情境中才能实现自己的目标。而在情境中完成课程开发的方法就是情境分析法。笔者还需要明确的是，这里的情境指的是存在于微观层面工作场所中的具体情境。

在职业教育课程开发过程中，要充分考虑学生的真实水平，也要考虑学校所能提供的工作情境，如果没有真实的工作情境，学生的职业能力与素养可能得不到大的提升。具体的工作环境的创建并不是一件简单的事，因为其比较抽象，既包括各种人、事、物，也包括多种多样的关系等抽象的内容。在课程实施过程中，不可能通过简单的场景构建就可以还原真实的职业环境，因此，学生职业能力的提升还需要进行进一步层次上的划分。在课程实施中还需要借助情境分析法来进行具体工作场景的分析，让抽象的工作变换为不同的情境，让其变得更加具体，并在情境与学生之间构建起工作问题的桥梁。工作问题存在难易的差异，同时，每一种问题的解决都需要学生能具有与之相匹配的能力。在解决工作问题的过程中，学生还能梳理出职业教育内容与自身工作情境的关系，也能完成对不同层次的职业教育内容的有效区分。

（四）加强内部组织管理

在进行职业教育课程开发时，高校应该保持高标准与高要求，能对这项工

[①] 李琪，李美仪. 职业本科课程内容开发：视角、原则与行动策略 [J]. 职教通讯，2021（8）：32-38.

作进行合理的安排，同时还要进一步加强组织内部管理，从而有效地保障课程开发的质量，甚至能使课程持续性地发挥功能。为了进一步提升职业教育课程开发的质量，高校还应该建立由多个部门组成的职业教育课程开发中心，从而使课程开发工作变得更加科学。

此外，高校还应该建立完善的评价指标体系，能对开发的课程内容进行合理的评价。要综合多种评价方法对课程进行评价，并根据评价的结果合理地调整课程内容，使课程结果得以优化。应该加强制度创新，加大资投入，探索更加新颖的教育模式，结合学校实际，保持教育特色。要利用规范的制度标准来开展课程开发工作，重视每一个环节。

第五节 现代职业教育课程的体系构建

一、职业教育1+X课程体系构建

（一）职业教育1+X课程体系的内涵解读

1. 1+X证书制度的内涵解读

1+X证书制度是指以学历证书这一个"1"为重要基础，在学习过程中增加"X"，即若干职业技能等级证书。[①] 学生在学习技能之后，可以考取相应的技能证书，让学生的学习获得来自专业的认证，通过不同的技能等级证书，企业也可以了解学生具体的职业能力。

实施"1+X"证书制度能促进职业教育的发展改革。因此，应该加强"1+X"证书制度设计。"1+X"证书制度设计能发挥以下几方面的作用：第一，能有效地解决职业教育与社会发展实际不符的问题；第二，能激发社会力量的积极性，使其能更加主动地参与学校职业教育工作；第三，能深化人才培养模式改革；第四，能培养大量的技术人才，从而突破大学生就业创业的困境。

"1+X"证书制度在课程建设改革方面的落脚点表现为两个方面，一是课程内容与职业标准的对接，而是教学过程与生产过程对接。

---

① 张弛，崔玲玲，孙艺铭，雷前虎. 职业教育1+X课程体系的构建研究［J］. 邢台职业技术学院学报，2020（4）：49-52.

2. 1+X 课程体系的内涵解读

课程体系是职业教育培养人才的重要指导方向，也是职业教育具体培养目标的呈现。基于此，1+X 课程体系的内涵应包括以下几点。

第一，从课程观层面上来看，它应该将"课程思政"作为重点，使职业教育与思想政治教育能实现融合，能让职业教师可以明确并主动完成"立德树人"的任务。

第二，从课程内容层面上来看，它应该重视专创融合，培养学生能实现综合发展的能力，从而使学生能积极适应社会。

第三，从课程结构层面上来看，应该建立产教融合平台，让学生在掌握专业知识的同时也能深入企业提升自己的技能水平。

（二）职业教育 1+X 课程体系构建策略

1. 加强相关配套制度建设

政府在实施 1+X 证书制度的过程中，应该做好以下几方面的工作。

第一，政府需要提前做好相关规划。政府需要迎合现代的职业教育发展制定合适的证书进入与推出机制，不断完善相关制度，鼓励更多人考取技能证书。对于那些新设置的职业技能证书，应该组织工作人员进行调研论证，要充分了解通过证书的人才是不是满足企业发展的需要，是不是与职业教育改革的要求相一致。要合理分析行业发展情况，从而确定证书是不是还能在行业发展中发挥自己的作用，一旦确立证书已经不能发挥作用，那么，就可以让其退出。此外，还应该完善证书设计思路，引入更多先进的设计理念，规范证书审核流程，建立动态的证书调整机制。

第二，地方政府要积极响应国家号召，不断激发各个教育部门的参与积极性。在实施职业教育 1+X 证书制度期间，地方政府一定要紧抓本地特色，只有这样，学生才能实现就近就业，才能基于区域产业发展需求增强相关能力。因此，省级教育主管部门应该行动起来，主动了解区域内各大企业的发展情况，了解其对人才的需求，从而不断地调整证书制度实施的策略。国家有关部门应该合理放权，让省级教育部门在实施 1+X 证书制度过程中发挥更大的作用，从而显著提升制度实施的质量。

第三，在建立并实施 1+X 证书制度的同时，还应该建立与之相配套的制度，比如，建立更加完善的监督机制、保障机制等。

2. 以技能为关键，解析"1+X"技能标准

高校在建立专业课程体系时，应该重视将学生的技能培养，并且使这一工

作能与"1+X"技能标准要求的技能项目对接。以技能项目体系为依据，解构知识技能，使不同的知识可以融入不同的课程中，甚至可以围绕某一知识设置新课程。这样，课程体系就会变得完善。

要加强分析"X"技能标准，并在此基础上完成对技能标准的合理区分，从而确定这些技能应该被置入哪些课程中；还应该进一步确定证书考核的学期，并对各种技能之间的关系予以厘清。还要对传统课程内容进行详细分析，从而舍弃那些已经不与时代发展脚步相一致的内容，同时还应该将新技术、新工艺引入课程中。这就能使课程与"X"技能证书标准同向同行。

3. 融入课程思政理念

课程思政是我国教育界进行的一场大变革，是基于我国国情提出的新的教育理念。在职业教育课程中也应该积极融入课程思政理念，不断对学生进行隐性的思想政治教育，提升学生的素质，实现学生的全面发展。因此，职业教育中实施课程思政就是将能力培养、知识传授和价值塑造进行融合，全方位锻炼学生的能力，实现课程的全面育人价值。[①]

所有的教师都应该明确的一点是，思想政治教育工作并不仅仅是思想政治理论课教师的任务。在各种专业课程与通识课程中，相关教师也应该自觉承担思想政治教育工作的责任。基于此，开展职业教育的过程中，教师可以将"政治认同""职业操守""工匠精神"等内容置于职业教育课程内容体系中，同时还要有意识地对职业教育课程中的各种思政元素予以提炼。教师要让学生明白，现代社会用人单位不仅要求人才具有扎实的专业知识，而且还要求其具有较高的思想道德素质。因此，教师应该主动引导学生在学习专业知识的过程中接受思想政治教育，甚至使其能将专业知识转化为其应该具备的道德品质。

在开展实际的教学活动之前，教师应该基于教学内容给学生布置学习探究任务，学生则可以利用小组讨论、案例分析等方法完成任务；在课堂上，教师可以通过给学生讲述生动的案例来开展思想政治教育活动，从而使思想政治教育工作变得生动、有趣；在课后，教师还要重视学生的知识巩固，可以鼓励学生借助互联网平台上的知识来完成课后作业。

在职业教育 1+X 课程体系与课程思政融合的过程中，课程既要有真实的人文知识与案例，也要有专业的知识与能力学习。通过这一课程体系的构建，教师可以帮助学生进一步了解这个社会，了解人与人、人与社会、人与世界的

---

① 任爱珍. 课程思政：1+X 证书制度背景下职业教育课程改革的价值引领［J］. 当代职业教育，2021（6）：94-99.

关系，并在这一过程中提升学生的职业素养，让学生形成正确的世界观、人生观与价值观，让学生学会以正确的方式回报社会，热爱祖国。

4. 构建"专创融合"体系

(1) 构建"专创融合"人才培养体系

"专创融合"指的是专业教育与创新创业教育的融合。

在进行1+X课程建设的过程中，高校管理者与教师都应该积极完成立德树人任务，实现创业教育与人才培养工作的结合，从而构建更加完善的"专创融合"人才培养体系。

第一，要立足专业发展的实际，积极开展专业创新工作，从而丰富课程内容，构建更加完善的课程体系。还要基于学生的学习需要为其提供不同专业的选修课程，进而充实其知识结构。

第二，加强课程改革，重视学生的创新能力培养，加强学生创造实践，在给学生传递专业知识的同时，还培养其创业意识、创业能力与创业精神。

第三，要最大限度上将学校的资源整合起来，鼓励学生开展跨专业、跨学科的学习，这能帮助学生有效地解决创新能力不足的问题。

(2) 开展"专创融合"实践训练

学生最终要走入社会，为产业发展做出自己的贡献。因此，高校职业教育应该重视"教研赛一体"的结合，实现职业教育与产业发展的对接，积极开展"专创融合"实践训练。

第一，应该建构教学、科研与竞赛于一体的课程体系，以项目来推动教学，同时以科研成果推动产业发展，以竞赛来提升教学的有效性。

第二，政府、企业与各大行业协会等资源平台应该继续发挥产教协同育人的作用，共同建立实践基地，让学生能在实践基地中不断提升自己的操作能力。

5. 加强职业教育课程体系的改革

第一，要加强课程结构改革，建立模块化的课程体系。过去，高校所设置的职业教育课程与社会经济发展出现了脱离的情况，这导致学生所考的证书可能并不能满足企业的需要。因此，高校应该与企业加强合作，基于企业所需要的证书、人才设置"证书课程"。这样，学生在学习中就能明确自己应该学习哪些知识。

第二，要加强课程内容改革，扩大课程内容范围。实施1+X证书制度旨在培养复合型技能人才，毕竟过去的单一知识向度的课程内容的确已经不能满足当前社会对复合型技能人才培养的需求。高校需要将知识向度与其他向度相结合，在保证知识系统性的基础上，开发更多具备行动导向、问题导向、需求导向的课程内容。① 另外，高校还应该兼顾理论知识传授与实践技能培养，从而使学生的综合素质与能力获得培养。

第三，要加强课程实施方式与微观课程组织的改革。高校要了解企业真实的业务项目，并将这些项目合理地融入课程内容体系中。还要进一步挖掘与整合学校与企业的优势资源，建立专门的学生职业技能培训中心，从而保障学生的职业技能训练水平。教研室这一组织已经无法满足职业教育发展的需要，因此，可以将其转变为双元治理的微观课程组织，实现学历教育与技能培训的融合，这样就能满足1+X证书制度实施的要求。

二、进阶式职业教育课程体系构建

（一）进阶式职业教育课程体系构建的理论基础——系统论

1937年，奥地利理论生物学家贝塔朗菲（L. Von. Bertalanffy）在芝加哥大学的哲学讨论会上首次提出了一般系统论的概念。贝塔朗菲认为，系统是处于相互作用中的要素的复合体。② 系统论的观点主要包括以下几个方面：

1. 整体性的观点

对于系统来说，其具有不少属性，其中，整体性是其最为基本的属性。系统由不同的要素组成，且不同要素彼此之间可以相互作用，因此，在对系统进行研究时，应该从整体出发，要了解整体的特性是大于不同要素的特性的总和的。

2. 动态的观点

在系统论看来，世界上的所有事物都是处于变化中的，系统中的要素同时也会发生变化，这决定了系统同样会发生变化。正是因为如此，在认识与研究系统时，应该考虑到系统的变化情况，要关注系统的现在，更要关注系统的未来。

3. 层次性的观点

系统由要素组成，这些要素同时又是由更小的要素组成的。这表明，系统具有层次性特征。因此，应该重视把握不同要素层次之间的关系，能有效地梳

---

① 周绍梅，王启合. 基于1+X证书制度的职业教育与培训体系改革 [J]. 教育与职业，2020（7）：12-18.

② 杨军. 地方高校大学英语进阶式课程体系构建与实践研究 [J]. 现代英语，2020（12）：71-74.

理它们，进而提高系统整体的运行效率。

（二）进阶式职业教育课程体系构建策略——以创新创业教育课程为例

1. 重视实践教育活动

教师应在教学活动中重视创业实训模块的能力训练。在实践课程设计中，教师应该加强学生的板块能力培训，使学生能在实际操作中学习各种与创业计划书的撰写有关的知识。

当然，学生创业的方向有很多，笔者认为其不能盲目，而是应该考虑一些自己的兴趣，思考一下自己的能力。当学生确定好创业目标之后，其就可以以小组为单位着手编制创业计划书。学生在编制好创业计划书之后可以将其交给教师，教师则需要在完整阅读的基础上了解计划中不合理的地方，并对其进行合理修正。同时，教师还应该让学生了解创业计划书的关键要素。

在高层次的创业实践活动中，教师应该重视培养学生的市场适应能力。在具体的教学中，教师要重视理论教学，结合理论知识组织市场实践活动，同时鼓励学生积极参与社会实践活动。学校应该加强与企业的合作，与之共同建立实践课程体系，从而确立创新创业教育的双主体。还应鼓励学生参与校内外的创新创业活动，尤其是对于在校内创新创业活动中表现优异的学生来说，学校应该给予其恰当的物质与精神鼓励。

2. 提升学生创新创业实践能力，建立保障体系

在开展实际的创业活动之前，学生要做好一定的创业准备。具体来说，学生需要深入市场，对市场环境进行深入剖析，了解自己的创业方向是否有价值，了解与创业项目有关的产品的售价、市场喜爱度等内容。同时，还要主动地与行业内的工作人员交流，了解市场最为真实的消息。教师要使用多样的教学方法，可以使用案例教学法，运用生动的案例让学生了解创新创业的艰辛；也可以使用项目实施法，结合具体的创新创业项目对学生进行针对性指导，使其能提早发现问题，进而使学生创业成功率有所保证。

第三章 职业教育教学理论

职业教育作为以就业为导向的教育，与普通教育或高等教育相比最大的不同点在于其专业鲜明的职业性。因此，职业教育的专业教学必须建立在职业属性基础之上。本章主要研究职业教育相关的教学理论。

第一节 职业教育教学内容

一、职业教育选择教学内容的要点

教学内容是职业学校实现教育目的，培养德、智、体、美、劳全面发展专门人才的重要保证。具体包括教学计划、教学大纲和教材。教学内容，应反映我国社会主义建设对职业教育的要求，同时它又受经济和科学技术发展水平以及学生身心发展规律的制约。经济与社会的发展，要求教学内容具有较强的适应性。所以，职业教育选择教学内容应注意以下几点：

（一）教学内容应符合我国主流思潮

这一原则旨在培养学生热爱社会主义祖国，热爱人民，树立远大理想，具有共产主义道德品质和正确的劳动态度；具有热爱自己的专业，热爱集体，团结友爱，遵守纪律，文明生产等高尚的职业道德。

（二）教学内容要符合我国国情

教学内容要适应我国的经济结构，适应社会生产和生活的需求。教学内容的选择既要立足当前经济、生产发展的需要，又要预见未来，使学生掌握现代化生产所需要的基本理论、基本路线、基本纲领、基本经验；既能从事现代化的生产，又会传统的手工操作。

（三）教学内容应与时俱进

现代化生产要求技术人员和工人知识渊博，见多识广，技能熟练，实践经验丰富。故教学内容的选择，一要加强基础性，使学生掌握宽厚的基础知识；二要保证内容的先进性，删改教材中已陈旧的知识，充实新理论、新知识、新技术、新工艺；三要注意删旧增新，仍要保持和加强知识的科学性、系统性，同时掌握各门学科之间的相互联系，相互渗透和相互衔接性，使学生学到内容新颖、系统和综合性的知识。

（四）教学内容应注重学生能力提升

选择教学内容，应有助于培养学生的智力，发展学生的能力，使培养出来的学生有较高的观察力、记忆力、思维力、想象力、探究力、发现力、创造力，以及分析问题、解决问题的能力。在社会主义现代化建设中能够适应科学技术的飞速发展，能够不断地进行技术革新和创造发明。[①]

（五）教学内容应重视学生的个性差异

在同一个班内，可根据学生的个性差异、智力和知识水平的不同，开设选修课，供学生自由选择，以促进他们的智力发展。个别优秀同学，可以指导他们学习内容更深、范围更广的东西，促进他们更快成长。

二、职业教育教学内容的选择方法

围绕知识本位教学价值观，职业教育内容的选择所依据的方法表现为学科知识筛选法。职业教育教学强调学生能力的培养意味着职业教育教学内容也应该做出合理的改变，其不能只是涵盖基础理论知识，而且还应该涵盖学生技能训练知识。

（一）理论知识选择的方法

对照职业能力目标，分析相关学科理论知识与职业能力目标的关系，选择职业能力目标实现所需要的学科理论知识点。如图 3-1 所示。对于这些学科知

---

① 李雅乐，马钊，张延宜. 基于职业能力培养的开放教育教学改革与创新研究［J］. 陕西广播电视大学学报，2022，24（1）：31-32.

识点的学习，重点是学科理论知识整体框架的把握和理论知识的应用，不追求其深度和难度。

```
序号    职业能力目标        教学内容
 1      职业能力1    ——→   知识点1
 2      职业能力2    ——→   知识点2
 3      职业能力3    ——→   知识点3
……           ……              ……
```

图 3-1　理论知识的选择示意图

（二）技术方法选择的方法

对照职业能力目标，分析相关技术方法与职业能力目标的关系。选择技术方法时，注重让学生了解这种技术的产生与演变过程，培养学生的技术创新意识；注重让学生把握这种技术的整体框架，培养学生对新技术的学习能力；注重让学生在技术应用过程中掌握这种技术的操作，培养学生的技术应用能力；注重让学生区别同种用途的其他技术的特点，培养学生职业活动过程中的技术比较与选择能力。如图 3-2 所示。

```
序号    职业能力目标        教学内容
 1      职业能力1    ——→   技术/方法1
 2      职业能力2    ——→   技术/方法2
 3      职业能力3    ——→   技术/方法3
……           ……              ……
```

图 3-2　技术方法的选择示意图

（三）典型任务选择的方法

对照职业能力目标，分析学校和企业可能提供的教学条件，选择典型任务，作为职业教育教学的内容。选择职业活动时，要注重所选择的任务具有典型性和趣味性，并要难易适度。典型性是指所选择的职业活动是学生毕业后从事职业活动时，经常遇到的、具有代表性的活动；趣味性是指符合学生的心理特点、足以引起学生学习的兴趣，使学生不仅好学而且乐学；难易适度是指所选择的职业活动与学生的能力相适应。如图 3-3 所示。

序号	职业能力目标	教学内容
1	职业能力1 ——→	典型任务1
2	职业能力2 ——→	典型任务2
3	职业能力3 ——→	典型任务3
……	……	……

图 3-3 典型任务的选择示意图

三、职业教育教学内容和课程体系确立的要求

（一）理论与实践相结合

理论教学应以必须够用为度，以应用为目的，不追求专业理论知识的完整性，而是根据职业岗位工作的需要去选择适合的专业理论知识。职业岗位需要什么，就讲什么；需要多少，就讲多少，"精"以实用为度，突出实践性。理论教学渗透实践内容，不仅重视讲，更要重视练，重视知识的更新。[1]

教师要考虑本专业职业岗位能力的实际要求，组织实践教学活动，培养学生的实践能力，同时为学生构建一个与实际岗位相贴近的环境。

第一，改验证性实验为综合性实验。在部分专业和专业基础课的实践教学中，取消一节一个的（注重结果的）验证性实验，而是选择典型的（注重过程的）综合实例。

第二，改"纸上谈兵"式的课程设计为设计与动手相结合的课程实训。

第三，开展科技开发活动，培养学生实践能力。

第四，结合实际项目选择毕业设计题目。

第五，为提高本专业学生的实践能力，缩短与实际岗位的差距，增加顶岗实习。

（二）教学内容与就业紧密联系

从根本属性上来看，职业教育就是就业教育，职业教育要发生一系列的变革，那么，职业教育所具有的这一属性就是其前提条件。此外，职业教育强调创新也应该坚持这一根本属性，也就是必须围绕学生就业进行。高校应该了解学生的就业诉求以及社会对人才的实际需求，合理地设置职业教育课程，在继

---

[1] 郭权利. 应用型本科专业课程对接职业需求的教学内容设计与实现[J]. 沈阳工程学院学报（社会科学版），2023，19（2）：135-137.

续重视理论课程的同时，设置一系列实践课程，从而在兼顾理论与实践的基础上，不断提升职业教育教学的质量，为社会输出大量的人才。大学生需要掌握的技能多样，高校应该针对性地对学生加强技能训练，众多的技能知识中，专业技能是所有技能知识的基础。在实际的教学中，教师应该发挥自己的主观能动性，分析不同岗位的特点与人才需求，对学生进行合理的引导，使其能了解自己应该掌握什么样的技能，进而增强自己的就业竞争力。

（三）教学以提升学生能力为本

以能力为本就是以能力本位为基本的价值取向，重视培养学生的综合职业能力，以学生职业岗位需求为出发点，确立其应该具备的职业能力。要重视培养学生的多种能力，尤其重视培养其核心能力，从而以能力为依据改变传统以知识为核心的教育观念，探索适合学生发展的教育观念与模式。

《意见》中所指的应用型专门人才强调的就是能力，这种能力广义上指综合职业能力，狭义上则可认为指的是专业技能。无论广义还是狭义，能力为体与强调知识水平尤其是理论知识水平的其他类别教育相比，就是彰显职业教育特色的一项基本的要求。离开能力谈职业教育其实就是否认职业教育。

（四）以知识和素质为内容双翼

教学内容应当将素质与知识作为托举能力飞往更高处的"双翼"。这样的教学内容定位更有利于围绕特定能力的提升设置任务，以任务驱动学生逐步实现能力的提升，并在兼顾学习主干的同时，实现相关知识的细化与拓展，是职业教育培养人才一专多能型的有效路径。值得注意的是，"双翼"分别为知识和素质，这就意味着，要将素质的地位提升到和知识相同的高度，这符合现代教育中强调综合素质关键地位的理念，也与培养具有综合能力的应用型职业人才相契合。

（五）合理分化教学权利

在教育过程中，应当对所有教学参与者的教学权利进行合理配置，只有每位参与者具有与其角色、职能相匹配的教学权利，才能够充分调动其主观能动性，保证其最大化地发挥作用，提高协同育人的成效。

职业院校是职业教育的主要阵地，但我国庞大的职业市场和职业的存续时间注定了职业教育不能单纯依赖职业院校，还必须广泛联合其他高校、企业、社团、培训机构等多方主体共同参与职业人才的培养。职业院校应当予以协同育人的其他主体充分的尊重，应当公正、平等地对待其行使权利、提出建议、开展合作等，合理分配不同主体在设置教育内容、构建课程体系方面的权利和义务，以避免多元化的职业教育流于形式。对教学权力的合理配置，能够提高各主体培养职业人才的积极性，而且有利于构建开放、立体、多渠道的职业教育，真正以社会、以市场、以实践为导向地塑造职业人才。

（六）适度弱化理论教学

首先需要明确的是，这一要求不等同于放弃或忽视理论教学，而是应当扭转长期以来过度偏重理论教学而忽视实践教学的局面。职业教学的培养目标具有现实性和实践性，基于此，其教学内容和课程体系的设置也应当以此为中心，强调实践课程的重要性，而对理论教学的定位应当是服务于职业岗位和技术实践，重点在于精练而不在于全面、在于职业的实用性而不在于学术性。

总的来说，适度弱化理论教学的目的是将理论与实践统一起来，突出理论对实践的增强作用，同样属于以能力作为本位的职业教育观范畴。

（七）课程目标综合化、具体化

设立职业教学的课程目标既要有宏观视野，对目标进行综合化、整体化设计；又要具有微观视野，关注教学和课程内容的细节，对目标进行具体化、阶段化设计。前者落脚于职业教育的整体目标，围绕就业确定教育意旨和最终目的，保障职业教育的预见性与适应性。后者是在遵循前者大方向的基础上，对目标尤其是阶段性目标进行明确化和细致化，确保目标具有可行性。课程目标是教学内容和课程体系的指向标，教学活动无论如何拓展，落脚点始终都应当是课程目标。

第二节　职业教育教学模式

一、OBE 教学模式

（一）OBE 教育理念

OBE（基于学习产出的教育模式，Outcomes-Based Education）教育理念最初诞生于20世纪80年代的澳大利亚和美国，主要指的是以帮助学生获得其预期的学习成效的教育方式。这一教育理念更加直观地明确了教育目标，对学生提升特定能力具有明显的效果，因而很快引起了教育领域的认可与推广。OBE采取量化的方式进行教育评估，清晰地呈现教育的优势项目与薄弱环节，有利于实现学生本位，对提升职业教育质量与层次具有极大的促进作用。

具体来说，职业教育采用OBE教育理念具有以下两方面优势：第一，学生本位的培养模式。围绕学生的真实需求确立人才教育教学目标、课程体系、实践技能等，促进其所学知识和技能能够运用于真实的职业岗位之中，符合其未来的成长成才规划。第二，强调教学的专业性。职业教育教学需要突出专业性，围绕学生通过专业学习能够获得职业岗位所需要的特定专业技能，进行教学策略、教学内容、实践内容、评估反馈等的设置及后续调整优化。

（二）OBE教学模式总体设计

实施OBE教学模式时，需要充分掌握课程实践教学中的关键问题，以提升教学模式的应用质量。一是如何确定专业培养与课程培养目标；二是如何实现培养目标向可观测预期成果的转化；三是如何量化学生学习成果；四是如何持续推动教育教学质量改进。基于上述关键性问题，在总体设计中必须给予综合考虑，设计更加合适的课程实践教学模式。尤其需要注重学生预期学习成果目标导向，在设计中应体现学生中心的原则，运用先进的教学理念与实践方法，通过可量化的评价方法，全面推进职业教育教学质量发展。[①]

职业教育对OBE教学模式的应用需要根据该模式的逻辑思维进行课程的设置和规划，以确保能够使OBE全面地发挥其作用。基于此，在OBE模式下，职业教育应当预先构建教学模型，将学生的能力培养、未来的职业需求与专业课程体系的规划相结合，即通过设置不同的理论课程、实践课程、技术应用、实习项目等逐步建立学生在该专业的知识体系及实践应用能力，实现由理论教学向职业实践的输出转化。其中，课程依然处于整个职业教育体系的基础性地位。那么，在OBE理念应用背景下，可根据学生培养的完整过程进行分析，针对课程教育的预期成果、教学方案及评价方式等加以设计，切实解决全新教育理念下课程教学问题，包括如何定义成果目标、如何获得预期成果、如何评价学生成效、如何实现课程改进等。结合OBE理念在职业教育中的适用

[①] 许瑞.OBE理念在职业教育教学模式中的应用研究［J］.佳木斯职业学院学报，2022，38(2)：140-141.

特点和形式，可以设计出较为直观的解释模型，从而辅助理清该教学理念的规律和流程，如图 3-4 所示。

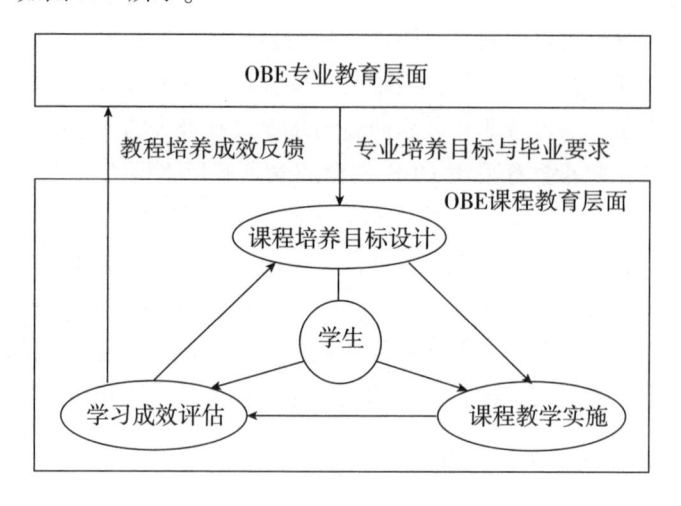

图 3-4　OBE 课程教学设计模型

由 OBE 课程教学设计模型能够看出，OBE 专业教育层面与 OBE 课程教育层面之间具有双向交互机制。在 OBE 课程教育层面，学生无疑是整个课程教学活动的中心，课程培养目标是依据 OBE 专业教育层面所传递的专业培养目标与毕业要求进行策划的，课程教学在已确定的目标指引下作用于学生，使学生获得一定的学习成果，这一成果进行评估后将反馈回目标设计，以对目标进行适时的调整和优化——在这一部分中，课程培养目标设计、课程教学、学习成效评估形成了循环结构，而最终，学习成效评估还会向 OBE 专业教育层面进行课程培养成效的反馈。基于 OBE 课程教学设计模型，教育者能够精准把握每一个环节，进而结合实际情况做出调整，完善职业教育流程，以促进职业人才培养质量的提升。

二、CBE 教学模式

CBE（Competency Based Education）是"以能力培养为中心的教学体系"。其核心是职业能力的培养和发展，其导向是要满足实际的职业或岗位需求，主要采用 DACUM（Developing a Curriculum）方法开发课程。加拿大高质量的职业教育是以该课程体系的建立作为其坚实的基础。当前，欧美等地的很多发达国家对 CBE 模式的应用已经较为普遍，特别是美国、加拿大、英国、澳大利亚，对 CBE 的探索实践已极为的深入。而我国也早在 20 世纪 90 年代初就引进了该模式，并在部分院校中开展该模式的应用实践。

（一）CBE 教学模式的原理

CBE 教学是由美国休斯敦大学心理学家、教育学家布鲁姆（B. Bloom）提出的一种教学体系，其理论基础由学习模型（掌握）和授课原理（反馈信息）构成。具体来说，CBE 课程的逻辑原理和设计思路可以概括为以下四个方面。

（1）任何学生都可以在高质量的教学中吸收并掌握知识。

（2）学习环境的匹配性是导致学生出现不同学习效果的重要因素。因而，若所有学生都能够在与自己条件相匹配的环境中学习，那至少大多数学生能够获得相似的学习水准和发展。

（3）教育者应当更加关注"学"这一活动，而不是把重点集中于"教"上。

（4）在整个教学活动中，学生所受到的指导方式、手段、水平是影响教学效果的关键所在。

（二）CBE 教学模式的特点

1. 能力本位

该能力为一综合性职业能力，主要由以下四个方面的内容共同构成一种专项能力。

（1）本职相关领域的知识

（2）动机和动力情感领域相关的态度

（3）活动领域的经验

（4）评估和评价领域的反馈

2. 学生参与评价

学生参与评价有利于使其更为清晰地认识到自己在学习中的主体地位，从而充分激发其学习的主观能动性。因而，教育者必须有意识地对学生的自我评价进行引导和监督，提高学生的自我管理意识。教育者应当采取具有针对性的教学策略，帮助学生根据自身的学习条件、状态、进度等调整学习计划，以顺利完成学习任务，并对任务的过程和结果进行综合性的自我评价，并将评价反馈给教师。

3. 办学形式的灵活多样性和严格的科学管理

三、BTEC 教学模式

英国两大专业技术评估机构商业教育委员会（BEC）与技术教育委员会（TEC）共同组成了英国商业与技术教育委员会（BTEC，Business & Technology Education Council）。BTEC 教学模式以职业教育证书为依据来设置课程并实施教学，分为初、中、高三个等级共九大类证书。

当前，BTEC 在国际上已经获得了较为广泛的认可和实践，我国也将之引入了部分高等职业院校，探索该模式对我国职业教育教学方式的改革与优化。

（一）BTEC 教学模式的原理

BTEC 教学模式的理论核心即以学生为中心。教育者以学生为中心进行教学设计、开展教学活动，在教学中扮演着引导者和帮助者的角色，着力挖掘学生自主学习、自主探索、自主管理的潜能，激活学生的探索欲与求知欲，培养学生自觉学习、自发研究的良好习惯，使学生逐步形成"发现问题—解决问题"的思维模式。

（二）BTEC 教学模式的特点

1. 以学生为中心

学生是教学的出发点和落脚点，是学习活动的主体；教师是教学的推动者，以引导、帮助和督促学生自觉主动学习为职责。

2. 评价模式特殊

这样评价模式将学生在学习过程中取得的各类成果作为评价的依据，强调多元化的成果呈现，注重课业过程。

3. 关注反馈信息

给予学生平等的地位，重视学生的反馈信息，保障学生提出意见和建议的权利。

四、TAFE 教学模式

具有澳大利亚特色的新型现代学徒制度——TAFE（Technical And Further Education）。

（一）TAFE 教学模式的原理

TAFE 教学模式由国家主导、相关产业充当助力，重视和普通教育、高等教育之间的统一性和连续性，是一种具有分区化、模块化等特征的教学模式。TAFE对教学和培训设置了相应的学分，通过积累学分来获取对应的资格证书，其课程模块和证书制度能够推动职业教育与其他类型教育相对接，是终身教育思想的集中呈现。

（二）TAFE教学模式的内涵

TAFE教学模式诞生于澳大利亚，是以典型的澳大利亚教育体制为底色，加上现代终身教育理念，逐步形成的一种综合性职业教育形式。它本身不属于刚性教育，所以比起单纯、硬性地获得学历，更强调将学历和职业培养相联结。TAFE的教学模式完全突破了我国传统的单一学历教育的束缚和局限性，采用了一个多循环的周期性教学模式"学习—工作—再学习—再工作"，体现了终身教育的理念。如此，职业教育能够突破传统学历教育诸多条条框框，从单一的理论教育转向对职业能力的提升，使职业教育更加贴近社会对职业人才的标准和需求，使职业教育不再"漂浮"，能够真正地与社会、市场、专业领域相对接。TAFE教学模式在澳大利亚职业教育中的广泛应用，有效地提升了澳大利亚人才培养的质量和效率，对促进澳大利亚经济、科技、文化的进步起到了极大的促进作用。

（三）TAFE教学模式的特点

TAFE教学模式的特点主要表现在以下几方面。
1. 以能力为本位。
2. 学习者参与教学评价。
3. 灵活多样性的办学形式和严格的科学管理。

五、五阶段循环教学模式

在我国具有典型性和一定影响力的职业教学模式是五阶段循环教学模式。

（一）五阶段循环教学模式的原理

五阶段循环教学模式与中国当前的社会发展需求和职业教育改革相契合，它将能力作为教育的关键点，基于经济发展、市场需求和企业人才标准，根据现代教育理念，广泛融合教育学、社会学、心理学、课程设计理论等相关领域，在进行充分的市场调研和职业分析后设立并设计相应的专业、教学目标、教学阶段、教学过程、管理与评估，属于实践型教学的范畴。它具有高等职业教育的特色，它以满足就业需求为核心指导思想，它以提高学生的职业素养、技能水平和培养应用型人才作为最终目标。①

（二）五阶段循环教学模式的内涵

该教学模式所包含的五个阶段分别为：

1. 市场调查分析阶段

通过市场调查和分析，深入了解行业企业岗位人才的需求情况，据此确定学生的培养规格、数量和专业设置等。

2. 职业能力分析阶段

以能力本位的核心思想为指导，运用DACUM方法进行职业分析形成能力图表。

3. 教学环境开发阶段

由教学环境开发专家、行业企业管理和培训专家以及职业院校的授课教师共同组成开发团队，进行教学软件的开发与教学环境的设计。

4. 教学实施与管理阶段

（1）由入学水平的测试与评价、学习计划的制定、学习计划的实施以及成绩考核与评定四个部分构成教学实施阶段。

（2）按照职业技术教育的开展情况和需要设立相应的职能部门；转变教师在教学活动中的角色，使教师成为学生自主学习的引导者和帮助者；转变学生的认知，使学生从机械化的信息接收者转为学习活动的主体；教具、设备围绕师生开展教学活动的需要设置等等。

5. 教学评价阶段

教学的关键环节是评价，只有实现教学评价的制度化、规范化以及标准化，才能确保教学模式顺利有效地实施，教学评价过程中包括评价培养目标、教学环境、教学过程、教师和教学的评价等。

（三）五阶段循环教学模式的特点

1. 构建原则的科学性。
2. 能力培养是中心目标。
3. 系统性和实用性。
4. 自我完善。

---

① 谢凤静. 高等职业教育教学模式研究综述 [J]. 牡丹江大学学报，2022，31（4）：95-96.

第三节 职业教育教学方法

一、职业教育教学方法的内涵界定

教学方法体现了特定的教育和教学的价值观念，与教学模式、教学输出、教学内容和教学效果呈相互影响和制约的关系。《教育大辞典》对教学方法的定义是：师生为完成一定教学任务，在共同活动中所采用的教学方式、途径和手段，即由教师与学生共同完成的"教"与"学"的活动。《职业教育学》中认为教学方法是：师生为实现教学目的的方式与措施，强调了教的方法和学的方法（教授法和学习方法）两方面的统一。笔者在进行归纳与总结的基础上认为：职业教育教学方法是依据教学标准和大纲，在教学原则的指导下以完成教学任务和实现教学目标的教学方式和教学手段的总称。

二、职业教育教学方法的常见类型

（一）项目式教学法

随着教学改革的深化，项目学习（PBL）已经被广泛应用于职业教育，相比传统学科教学，项目学习的方式能够将教学课堂上学习到的学科知识进行项目转化，提高学生分析问题、解决问题的能力。项目学习，即 PBL（project based learning），是职业教学中逐渐被教师接受的一种教学方式，项目学习是基于对复杂问题的探究过程，通过明确项目目标、设计项目任务、规划项目内容、制作项目成果开展探究，项目式教学一般采取合作学习的方式给出解决方案，过程中启发学生的思维，提升学生综合能力。

学科教学中，开展项目学习一般围绕真实的生活情境问题，教师首先根据学生感兴趣的问题确认主题范围，结合学科教学目标，在主题范围中结合具体的概念和关键能力，对学生感兴趣的原始问题进行提炼，形成项目主题。继而，通过合作学习的方式进行探究，教师根据具体项目主题，将学生划分为若干个小组，小组通过合作、讨论对项目要解决的问题进行分析，在教师的引导下制定出解决问题的最佳方案并进行实践，实践过程中结合课堂上学习的概念与知识点，发挥课堂学习的价值，通过实践，学生取得的最后学习成果可以通过小组的形式进行展示，一方面，在教师的引导下对项目结果进行深入研究，有意识地开展归纳梳理，另一方面，在教师评价时，要综合性地衡量学生的过程性贡献，从多个维度，各个方面综合对学生进行评价。

（二）模拟公司法

顾名思义，模拟公司法主要就是指仿照真实的公司经营等经济活动构建相类似的虚拟场景，是实践教学的常用形式之一。模拟公司法最初诞生于20世纪50年代的德国，旨在让学生能够在接近现实的职业环境中实践职业技能，同时避免真实经济活动给学生带来的负担。学生可以根据专业和职业需要，基于市场和岗位的现实状况，模拟财会、推广、销售、金融证券等活动。

当然，模拟公司法中所涉及的资金、产品等都是虚设的，并不会产生真实的经济变动，只是运作流程与真实业务保持一致。其目的在于帮助学生通过实操更为深入地理解经济主体和经济活动，使学生的理论知识能够通过实践实现巩固和转化，从而提升学生的职业能力。在这一过程中，教师不仅需要帮助学生按照规范的方式开展"业务"，及时纠正学生在操作过程中暴露的问题，带领学生解决实操中的困难，提高其逻辑思维和应变能力，而且应当引导学生端正职业认识，提升其职业道德，增强其团队意识和协作能力，使其成为德才兼备的应用型职业人才。

（三）参与式教学法

参与式教学法不是一种固定的学习模式，形式可以是随机的。参与式教学方法首先是教会学生学习方法，进一步影响学生的学习行为，使学生的学习态度发生改变。老师必须明确的是不能直接向学生灌输东西，而要帮助他们学习，促进他们的学习进程。必须营造一种相互尊重、支持和合作而非相互竞争的氛围。打破传统教学中学生是知识被动接受者的局面，让每一位学习者从伙伴学习关系中受益，变被动学习为主动学习。因此每一位老师都可根据自己的教学经验和所教课程以及学生的特点进行参与式教学形式的设计。

不管采用何种教学形式，应遵循以下原则。

（1）讲练结合原则。课堂上精讲多练，鼓励提倡自学。

（2）案例分析原则。对具有一定基础的学生通过讲事实，讲策略的方法可以提高学生的分析、判断、演说、决策和解决问题的能力。

（3）学与做结合的原则。让学生深入实际应用所学，使理论学习与生产实际结合起来，即让学生亲自参与实际生产，提高学生的动手能力。

（4）提倡自学能力原则。让学生自己承担起学习的责任，学生按教学目的和自己实际情况，缺什么学什么，把"教师控制"下的学习变成"学生自我控制"的学习。

（四）多媒体互动教学法

多媒体教学是利用计算机网络、多媒体投影等现代化工具教学的活动。它具有集声、像、文字于一体的特性，能听能看，高速可以放慢，微观可以放大，信息量大，形象生动，高效，便于记忆，化难为易，容易理解，有教学效率高的优越性。同时，目前此种教学方法已成为各类学校主要教学方法，包括中学和高等本科教育。

该教学方法的短板是师生互动交流较少，同时对教师操作设备、课件准备、授课内容把控要求较高，如若不能合理利用图形、图表、动画、声音等，可能会影响教学效果。所以教师不能完全依赖课件多媒体，要有适当的语言表述穿插在教学过程中。为了满足学生基础的不同，防止一些基础较差的学生跟不上，要有适当的板书和提问贯穿整个课堂。[①]

（五）案例教学法

案例教学是由教师根据教学目的需要，组织学生对所要考察的实例进行研究讨论，让学生比较深刻地领会到理论应用于实践的作用，锻炼学生分析问题处理问题的能力。案例实践教学在法律、管理、商务类课程中应用较多，在其他学科或培训班也广泛应用案例教学。

采用案例教学法要设计好以下三个步骤。
（1）选编具有一定教学价值的案例。
（2）精心组织讨论交流案例。
（3）案例评价。案例教学的最大特点是主体与主导的统一，学生独立活动在教学中占很大比重，知识的运用、能力的训练、品德的培养都应借助案例讨论展开。

（六）任务驱动法

任务驱动教学法将任务作为推动教学的动力，采取教师为主导、学生为主

---

① 尚志超. 浅议职业教育教学方法 [J]. 成功，2019（3）：230.

体的教学模式,通过处理不同的问题完成不同的任务,使学生获得相应的知识,致力于培养学生自主探索的意识和能力。其理论基础是建构主义理论和意义学习理念。任务设置必须与学生真实的职业能力相契合。教师与学生之间的沟通、配合应当贯穿于任务的整个过程中,尽可能营造平等、开放的职业教学环境,充分调动学生的主观能动性。

(七)启发式讲授互动教学法

启发式教学如同"能力本位"教学理念一样,是运用于所有教学方法和教学场合的指导思想,更是贯穿于整个教学过程和教育过程的指导思想。所以,它适用于各学科的课程教学。讲授互动法是一种教师与学生充分发挥自己的能动性,彼此有意识地加强交流的方法。

这两种方法各有各的优势,将其整合起来,将能进一步提升职业教育教学的质量。因此,在实施启发式讲授互动教学法时,教师应该从以下两个方面着手:第一,恰当地转移教学重心,重视学生的学习;第二,能有意识地对学生进行引导,使其能进行独立的思考,不断提升自己的自主探究能力;第三,在课堂上,教师要为学生构建民主的环境,使学生能主动参与教学活动。

三、职业教育教学方法创新策略

(一)加强理论研究,构建完善合理的职业教育教学方法理论体系

为了实现教学方法的改革,要加强理论研究,从微观层面一直研究到宏观层面,从局部研究一直延伸到整体研究。此外,还应该摆脱传统教学方法的束缚,探索更加新颖的教学方法,甚至可以结合职业教育经验,探索符合本校职业教育发展的特色教学方法。

职业教育理论研究并不仅仅是学者的事情,一线教师也应该勇于承担这一研究任务。与学者相比,教师有着丰富的教学经验,因此,在进行职业教育教学方法研究时,其研究的视角可能会更多。教师的研究与学者的研究将构成职业教学方法理论体系。[1]

(二)加强职业教育实践性与应用性

当前,职业教育仍然存在与现实职业需求联系松散、真实职业实践性较低

---

[1] 张东良. 职业教育教学方法改革面临的问题与对策 [J]. 文化创新比较研究, 2021, 5 (32): 99-100.

的情形，这也是职业教育改革必须有所改善的方面。换句话说，职业教育应当加大实践教育的比重，促进学生职业技能的提升，使学生接受职业教育后具有迅速适应职业岗位、开展岗位工作的能力。因而，在教学过程中，职业教育必须改变传统理论教育的"填鸭式"教学法，由以单一理论输出转向增设的实践教学，引导学生在情境活动中实现理论向实践的转化，切实提升学生的职业素养和实操能力。

（三）改革教学组织形式

与普通教育不同的是，职业教育的重点在于实用技术的传授，在于培养学生的职业素养和实践能力，因此，职业教育的改革重点之一就是要改革教学组织形式，使现代教育中的先进的教学方法能够融入职业教育中，利用问题导入教学法等新的方法来提升职业教育的水平。职业院校的教师要求学生在接受职业教育后能够增强自身的动手能力，能够具备创新的能力，可以在课下自主进行创新实践探索。因此，职业教育工作者可以在教材中加入一些新的问题，使学生在研究新问题的时候拓展自己的思路，从而实现思考能力水平和解决问题水平的提升。教师在教学组织形式方面可以使用多种先进的教学方式，使学生可以在有限的课堂时间里体会主导课堂的乐趣。教师可以引导学生先确定下节课要讲的主题，然后再根据主题挑选合适的内容，辅助学生主导课堂，完成师生角色的互换。教师还可以采用小组合作学习的教学模式，将班级内的学生分成各个小组，要求学生小组进行交流，探讨出合理的问题答案，提升学生的合作学习能力水平。

（四）构建产学研一体化教育体系

职业教育中涉及的学科教学实践性极强，对学生的创新能力、动手能力等综合素质要求较高，学生只有深入了解实践整体流程，才能明白课堂知识的重要性，培养学生对课堂学习的重视程度，将所学的基础知识真正与市场需求结合起来，提高自身的综合能力水平，帮助企业获得良好的经济效益。[1]

产学研合作是现阶段大部分职业院校都会去采取的一种发展路径，高校通过联合本地区科研机构和部分企业，建设对口的企业实践基地，充分地将理论与实践相结合，让学生在学习理论知识的同时，可以有更好的实践场所去完成实践锻炼，帮助学生达到实践目标。

---

[1] 刘涵. 新时代职业教育教学方法改革创新研究 [J]. 散文百家，2021（10）：285-286.

首先通过学校和科研机构、企业签订一系列的校企合作培训协议，根据这一协议确定部分定向培训班，在班上学习的学生，毕业后可以继续留在企业进行工作，不仅显著提升了培训的教育培训的针对性，并且也大大提升了就业率。

其次还可以通过产教结合的方式，让学生在进入学校之后学习理论知识的基础上，前往企业，提升个人实践和综合能力，完成从学校到就业过程中的过渡，从而构建完善的一体化教学体系，加快完善专业、教学、课程、实习、实训条件"五位一体"的国家标准。

第四节 职业教育教学评价

一、职业教育教学评价相关内容简述

职业教育教学评价是多元评价主体运用一定的方法和手段，依据特定的原则和标准，对影响专业教学质量的诸要素做出价值判断的过程，主要包括为什么评（评价目标）、评什么（评价指标体系）、谁来评（评价主体）、怎么评（评价方法）和评价结果的处理等。其中，评价指标体系、评价主体、评价方法是科学性、专业性、客观性评价原则的具体表征，其内涵如下。

一是评价指标体系。评价指标是评价目标某个方面的具体化，具有行为化、可观测的特点。评价指标体系的构建包括确定评价指标、设置指标权重以及制订评价指标标准三方面。其中，评价指标标准是用以衡量评价对象达到指标的程度，而评价内容作为指标化的观测点，同属评价指标。教学评价元素包括教学理念、教学课时、教学途径、教学师资队伍、教学效果，是衡量职业学校教学质量的重要判断依据。因此，为了进一步强化评价的效果，需要建立更加完善的评价指标体系。比如，可以将 CIPP 评价模型引入评级指标体系中，依托实践教学，合理评估学生的实践能力。从评价内容上看，应该进一步丰富职业教育评价内容，将学生的职业素养、职业能力等都纳入其中，从而确保对学生评价的全面性。[①]

---

① 李铭，杨雯铃，秦国锋. 职业教育实践教学评价的问题审思与对策分析［J］. 职业技术教育，2023, 44 (2)：68.

二是评价主体。推动评价活动开展的主体就是评价主体。评价主体具有多元性，有些评价主体具有较高的专业素质和良好的道德观念，而有些评价主体不具备专业素质和良好的道德品格。评价主体的专业素质和品格等因素会影响职业教育评价的结果。随着职业院校引进了越来越多的现代教学模式，职业教育的评价主体变得越来越多元化，不仅有传统的教师评价主体，还增加了学生评价主体和企业评价主体，使教师可以接受学生的评价，也使学生可以接受来自同学的评价，还能够使师生接受企业的评价。

三是评价方法。评价方法指的是评价主体在评价职业教育的时候所使用的评价手段和工具。传统的教学评价方法比较重视最终的评价结果，没有注意到过程性评价的重要性，因此所得的总体评价结果也不够合理。而现在的职业院校引入 CIPP 教学评价模式，有力地提升了职业教育教学评价的有效性和合理性。CIPP 教学评价模式既有形成性评价，也有结果性评价，这样就可以涵盖教学的整个过程，使评价内容更加全面、合理。在传统的职业教育体系中，CIPP 教学评价模式不受重用，而在现代职业教育中，CIPP 教学评价模式符合当前的教育模式，能够使评价主体对职业教育做出合理的评价，因此是有效的教学评价模式。

二、职业教育教学评价的原则

教学评价原则，是教学评价活动必须遵循的原理、准则和要求。评价主体在进行职业教育教学评价时，应当遵循以下几个原则。

（一）方向性原则

职业教育的根本目的是满足社会需求和个性需求，培养学生从事某种职业的专业能力、方法能力和社会能力。职业教育以就业为导向，具有鲜明的职业属性，有别于普通教育。在拟定教学评价指标体系时，必须考虑社会需求、市场经济和职业教育本身固有规律的客观要求，将教育为社会服务的学生作为教学评价的总的指导思想。

（二）客观性原则

该原则是指进行教学评价时，从评价的标准和方法，到评价者所持的态度，特别是最终的评价结果，都应切合客观实际，必须采取客观的、实事求是的态度，不能主观臆断或掺杂个人情感在内。要坚持客观性原则，必须做到：首先，要根据教育目的和教学任务，确定相对科学的客观标准，不能随意改动。其次，在评价标准面前人人平等，不能因人而异；第三，要防止以主观印象代替客观评价。再次，评价者要公正，具有较高的职业道德。最后，选取的评价指标要与被评对象的性质紧密相关，尽量舍去模棱两可的条件。

（三）科学性原则

该原则是指进行教学评价时不能依靠经验和直觉，而要依靠科学。也就说，教学评价从所确立的标准到所采用的方法和手段，都应是科学的。教学评价的科学化，是教学评价发展的必然趋势。现代数学、测量学和统计学的发展，也为教学评价的科学化，提供了重要的手段。因此，在教学评价中，贯彻科学化的原则，不仅是必要的，而且是可能的。

（四）评价与指导统一的原则

该原则是指在进行教学评价时，要把评价和指导结合起来，不仅要使被评价者了解自己的优缺点，而且要为其以后的发展指出方向。评价作为一种价值判断，不仅是一种评价行为，同时也是一种指导行为。评价和指导是不能分离的，有对问题的评价，就应该有对解决问题的指导，否则评价工作就没有达到真正的目的。因而在评价时一定要掌握好评价与指导的统一性，认真分析评价的结果，与各项教学工作对照检查，并根据评价对象所具有的主、客观条件，从实际出发，使评价对象认识到自己的问题所在，并能找出解决的办法，通过努力，使各项工作达到评价要求。

（五）整体性和全面性相统一的原则

在实施教学评价时，要全面看，全面听，全面分析，要有整体观念和综合平衡思想，要对组成教学活动的各个方面，进行不同角度、不同侧面的多方位评价，而不能以偏概全，以局部代替整体，力求反映被评对象实际的整体。强调教学评价的全面性，并不是要求在评价时不分主次，平等对待各因素，而是在全面评价的同时有所侧重。

（六）分析与综合相结合的原则

分析的评价是指从局部或个体的某些侧面进行的评价；综合的评价是指从全局或总体出发进行的评价。分析的评价与综合的评价相结合的原则要求在进行教学评价时要做到如下两点：一是对于某一个具体的评价对象应该在分析的基础上进行评价；二是在评价过程中要考虑被评价对象在整体中的协调性。

三、职业教育教学评价方法比较

(一) 国内职业教育教学评价方法

我国现有的职业教育教学评价方法大致可分为两类，一类是校内自我评价，另一类是校外社会评价。学校在采用校内自我评价方法时，需要安排一个组织者负责组织学校的评价活动，使教学部门能够在组织者的指导下进行评价，得出一个全面且合理的评价结果。

我国的职业院校采用的校外社会评价方法主要是从招生和就业体现出来的。在社会中，一所职业院校的教学质量越高，就越能够吸引学生报考该校，因此，该校可以招收大量优秀的学生。职业院校的教学效果越好，培养出的学生的能力就越强。良好的职业教育能够促进学生的就业，因此，就业情况能够体现出学校的办学水平。学生将来走向社会，在社会中体现出的工作能力也能够体现出职业院校的教学效果。许多职业院校会在每年的固定时期访问已经毕业的学生，了解他们的工作情况，以了解本校的教学优势和劣势，做出及时的调整。

至于国家和政府部门对职业院校教育教学效果的评价和监控，主要包括教育部组织的"百所示范性高等职业院校建设工程"评比，以及各省组织的示范性高等职业院校评比，包括有关机构和部门组织的全国高等职业院校就业星级示范校评选等，将此作为考察职业院校的办学水平的重要措施。

(二) 国外职业教育教学评价方法

1. 德国行业协会主导式评价

德国的职业教育看重的是学生的专业能力和社会能力以及选择和运用方法的能力，并会从这三个方面来评价学生的职业素养和学习情况。在德国职业教育体系中，职业院校需要记录学生各科课程的两个成绩，使学生的专业能力能够得到评价，也使学生的非专业能力可以得到评价。学生需要在校园内参加统一的考试，并在考试后得到全面的评价结果。德国行业协会负责出题，重点考核学生的专业能力和理论理解情况。德国职业院校和学生自己负责评价学生的非专业能力。职业院校中的教师集体评定学生的学习情况和职业素养。

2. 澳大利亚政府主导式评价

1973年，澳大利亚教育部成立了澳大利亚技术与继续教育委员会（Australian committee of Technical and Further Education，简称TAFE），这一组织作

为澳大利亚第三类学校，以就业和在职培训为主，得到了迅速的发展。TAFE 是由政府主导的一种特殊的教育组织，其资金来源就是政府。政府需要对这类学校制定有针对性的监控和评价标准，使学校中的学生能够更好地完成学业，以获得相应的职业技能和素养。澳大利亚技术与继续教育委员会使用的认证框架分为 12 级，要求学生完成培训，并获得职业资格认证。TAFE 考试考核的重点不是学生对理论知识的背诵情况，而是学生完成实际的工作任务的能力。换句话说，TAFE 考试考核的重点是学生的能力的进步情况，这也是评价内容的重点。澳大利亚职业院校采用的考核方式是书面笔答和实践操作这两种形式。现在，澳大利亚职业院校也开始采用面试、录像和提交报告等形式。澳大利亚职业院校中的学生如果笔试不合格，可以直接补考，但如果实际操作的成绩不合格，就必须重新学习该课程。

TAFE 学院需要维持一定的教学质量才能保证毕业的学生具备社会需要的素质。为了不断提高 TAFE 学院的教学质量水平，TAFE 学院里的质量评估机构会在每年系统地评价教师的教学能力和综合素养，保证教师的教学质量。此外，澳大利亚行业协会一般会根据社会上的企业的要求来制定职业院校的课程标准和培训指标，并在固定时间去各个职业院校进行教学质量评估。澳大利亚的职业院校不仅会受到社会的监督，还会受到政府中的专门的机构的监督。澳大利亚各地政府能够充分认识到自己的责任，能够做好职业继续教育质量评估工作，并及时将所得信息向上级汇报。

在澳大利亚职业教育体系中，培训是占据较大比例的重要内容。许多职业院校会根据职业培训的内容延伸出其他的课程，因此，培训在国家培训制度中也占据很高的位置。澳大利亚的职业院校和培训机构会根据培训的要求开展职业教育工作，并对学生的表现进行评价。

四、职业教育教学评价改革的有效策略

（一）职业教育教学评价多元化

职业教育是重要的教育类型，是牵涉到许多主体的教育系统。我国不仅有许多公办职业院校，还有许多民办职业院校，这些职业院校都有社会化特征。职业教育不仅涉及教育，还涉及市场，其中，学生、学校、政府和企业都有利益联系，都能够为推动职业教育的发展贡献自己的力量。因此，我国在开办职业院校时，需要考虑职业教育的特殊属性，丰富评价主体，鼓励企业和政府参与职业教育的评价，对职业教育进行多层次的评价。

职业教育教学评价的主体要更加多元化。评价主体主要有学生代表、企业代表、行业专家和政府工作人员等，这些多元的主体能够有效地提高评价结果的合理性。各个评价主体可以从各自的角度出发去评价对职业院校开办的职业教育的效果，以有效提高职业教育教学评价的综合性和合理性。每个行业的发展都会影响职业教育的发展，因此，职业院校应该积极发展一些有特色的专业，培养有特色的行业人才。因此，可以通过职业教育将企业或社会的职业培训纳入学校教育中，其教学体系及评价体系中特别强调行业的指导和行业的参与，在评价内容上应突出行业类型特色，体现行业的差异性，实行多层次分类评价制度。[1]

职业教育的评价客体要更加多元化。职业院校不仅要对教师和学生进行评价，也要对教学活动、科研人员、办学效果和管理活动进行客观的评价，以促进职业教育的发展。我国的职业院校需要构建多元的评价对象体系，设置多元化的教学标准、科研标准和管理标准，严格按照标准来对评价对象进行评价，使评价内容更具客观性和科学性。职业教育的评价标准变得客观了，会促使职业教育的整个评价体系变得更加科学，使职业院校在得到科学的评价结果后更好地调整工作内容，推动办学质量水平的提高，从而保障职业教育的长久发展，为社会输送有职业素养的人才。

职业教育的评价方式要更加多元化。不同的评价主体会对职业教育有不同的评价，不同的评价客体也会对职业教育有不同的评价，而不同的评价方式也会产生不同的评价。职业院校要鼓励评价主体使用多元化的评价方式，使用形成性评价方式和结果性评价方式，使得最终得到的评价内容具有较高的科学性和有效性，这有利于学校检查自己的工作错误，也有利于社会监督学校。

（二）重视平时学习，提高过程性评价的比重

为了进一步充实评价的内容，创新评价的形式，教师应该对学生进行适当的引导，使其能更加主动地开展学习活动。教师不仅应该关注学生的学习效果，还应该关注学生的学习过程，甚至需要对学生的每一个学习环节进行分析，进而做出正确的评价。也就是说，教师应该重视对学生的学习过程进行评价。

一般来说，过程性评价主要可以从知识、技能、情感态度价值观三个方面进行，既对学生的课堂表现情况进行评价，也对学生的实验操作能力等进行

---

[1] 何方容. 高等职业教育评价改革思路[J]. 苏州市职业大学学报，2022，33（1）：46-48.

评价。

教师应该详细分析学生的学习情况，并对其学习进行全面的记录，进而对其学习情况进行评价。最后，教师对学生评价完毕之后还需要将评价结果反馈给学生，使其充分了解自己的学习现状，并及时改正自己错误的学习习惯。

（三）发挥教学评价的激励功能

职业教育的教学评价需要具备强大的激励功能，能够激励教师和学生共同进步。在教学评价中，评价主体和被评价的对象处于一种复杂的关系中，这就需要学校处理好评价主体和评价对象的关系，使二者可以互相尊重，提高评价的有效性。学校可以运用心理学理论来提高教师工作的积极性，使教师能够受到激励。

1. 唤醒胜任内驱力

人们胜任一份工作，就会获得强烈的胜任内驱力。因此，评价主体要尽量提高被评价者的自信心，让评价对象感到自己能够胜任教学这份工作，产生胜任内驱力。评价主体可以多表扬评价对象的优点，增强评价对象提高教学质量水平的信心。

2. 激发创新内驱力

人们在做成一件事或完成一个任务后，会发自内心地感到轻松和喜悦，当人们在做出成就后引得别人的关注时，会产生一种自豪的情绪。这些都是正面的感受和情绪，能够很好地激发教师和学生的创新内驱力，使教师能够积极探索新的教学方式，也使学生能够更加愿意学习新知识。评价教师教学质量的主体必须有理有据，根据标准评价教师的教学活动，以激励教师不断调整自己的教学方式和手段，提高教师的教学主动性，促进教师的个人成长。

第四章　职业教育与智慧教育研究

　　智慧教育是互联网信息技术与教育相结合的产物，具有鲜明的信息时代性特征。智慧教育比传统教育更具智能性、广泛性、多样性，是对"互联网+教育"模式的优化升级。智慧教育的出现不仅改变了传统教育的教学模式，而且更新了传统教学理念，这对职业教育的发展与改革都具有极大的推动作用。

第一节　智慧教育概述

一、智慧教育的界定

　　21世纪科技的快速发展，特别是移动终端、物联网、云计算、大数据、三网融合等新一代信息技术的兴起和快速发展，为教育信息化和教育现代化注入了新的推动力，激发了研究者和教育实践者拓展学习概念、开展学习环境设计的兴趣，推动着学习环境的研究与实践从数字化走向智能化。此时，教育进入智能化时代，即智慧教育阶段。

　　很多学者都对智慧教育做出过不同的界定。

　　有学者认为，智慧教育是以数字化信息和网络为基础，利用计算机和互联网技术，对教学、科研、管理、技术服务、生活服务等校园信息进行收集、处理、整合、存储、传输和应用，以充分优化和利用数字资源。[1]

　　在祝智庭教授看来，智慧教育旨在通过信息技术为学生构建智慧环境，使教师能利用信息化的教学方法提升教学的质量。[2] 在他看来，智慧教育是信息

---

[1] 何泽奇，韩芳，曾辉. 人工智能 [M]. 北京：航空工业出版社，2021：270.
[2] 祝智庭. 智慧教育引领未来学校教育创变 [J]. 基础教育，2021 (2)：5-20.

时代教育发展的必然趋势之一，教师应该认真对待，并积极地将其引入课堂教学中。

随着信息技术的进一步发展，教育走向智慧教育是一种必然。黄荣怀教授认为，智慧教育就是一种由国家、区域或者学校提供给师生的教育行为系统，能利用科学技术为教师、学生甚至是家长提供其所需的服务，能对学生的学习数据进行全面的采集，能帮助教师制订更加完善的教学计划。[1]

通过对上述智慧教育概念的梳理，可以发现智慧教育至少包含了以下四个层次。

1. 以技术为环境

无论是今天的信息技术，还是今后有可能带来巨大变革的人工智能、大数据技术，都是通过构建技术融合的生态化学习环境来为智慧教育提供环境基础的，并在人机协调环境中实现数据智慧、教学智慧和文化智慧。

2. 以变革为原则

智慧教育所追求的教育理想在传统教育生态基础上是难以实现的，"精准、个性、优化、协同、思维、创造"的原则的实质就是在宏观上要进行教育生态重构，在中观上要进行学校教育系统再造，在微观上要实现课堂教学结构变革。只有结构性变革才能对教育产生革命性影响。

3. 以融合为路径

智慧教育通过信息技术与教育教学的融合创新，营造信息化教学环境，实现新型教与学方式，变革课堂的结构，最终支持教师利用信息技术开展教学创新，支持学生个性化学习探索。

4. 以智慧为目标

智慧教育的目的是培养具有良好的人格品性、行动能力、思维品质和创造潜能的人，通过"智慧"的教与学，提升自身的"智慧"。这既是智慧教育的出发点，也是智慧教育的终极目标。

可以说，智慧教育是充分利用智慧化的现代信息技术，特别是大数据、云计算及人工智能技术，构建的融合教学、学习、管理和环境的全新教育生态系统，突破传统教育制式，全面实施个性化学习、按需服务的教育信息化高级教育模式。

智慧教育是将信息技术深度融合到现代教育系统中，最大化满足人类的学

---

[1] 黄荣怀. 智慧教育的三重境界：从环境、模式到体制[J]. 现代远程教育研究, 2014(6): 3–10.

习需求，提供智能、立体、全方位的服务，促进教育创新成果共享，促进教师、学生、管理者、社会大众的终身教育，推动教育发展的历史进程。

二、智慧教育的特征

（一）信息技术与学科教学融合

信息技术能够与各学科实现教学融合，这是智慧教育的主要追求。在智慧教育体系中，电脑和手机等设备是常用的承载智慧教育资源的工具，这些多样的移动终端也丰富了课堂教学的形式。教师可以在课堂中使用学科教学的专用软件，实现专业化教学。

（二）与学习者建立情境感知和全向交互

情境感知可以利用传感器和软件根据学习者的位置信息、学习系统主机及学习系统等信息随时获得学习者的学习状态，并对其变化做出反应。传感器的作用是获取学习数据，感知算法的作用是分析信息，并确定其在情景中的类型，系统根据情境分配相应的处理动作，即推送个性化的学习服务。

智慧教育最显著的特点是能够有效处理正在学习环境中的人和他的内在学习状态，具体包括教学活动的位置信息、学习活动的环境信息、学习活动的时间信息、学习者的状态信息、学习者的知识层级信息、学习者的学习需求信息。

教学活动就是一种交互活动，既要实现教师与学生的交互，也要实现师生与计算机和其他社会群体的交互。智慧教育能够促进师生之间的交互，能够促进人与智慧平台的交互。学生能够利用智慧教育体系学习知识，能够使用语言等方式与计算机系统进行交互；师生之间和生生之间能够建立更加紧密的联系，能够自由进行互动。学生在智慧教育体系中学习，可以充分与智慧平台交互，利用智慧平台记录自己的学习进步情况，这样不仅能够使自己了解自己的学习情况，也能使智慧平台收集到有用的数据，以进一步完善智慧平台。

（三）绿色高效的教育管理

绿色教育重点是教育事业能够得到可持续发展，这不仅是指导智慧教育向上发展的理念，还是保障智慧教育质量的理念。随着信息技术的发展，教育领域越来越多地用到信息技术来管理教育工作，这有力地促进了绿色教育的开展。

云计算技术通过整合基础设施（IaaS，Infrastructure as a Service）、软件平台（PaaS，Platform as a Service）、应用软件（SaaS，Software as a Service）三种计算资源，可以实现管理数据的统一采集与集中存储，实现管理业务流程的统一运行与监控，有效避免"信息孤岛"，减少教育管理上人力、物力和财力的浪费。[①]

物联网通过射频识别、二维码、红外感应、全球定位等技术，将各种教育装备与互联网连接起来，进行智能化识别、定位、跟踪、监控和管理，可以有效提高管理效率和质量。

大数据技术可以更好地完成教育数据的采集，更深层次地挖掘出有效的数据用以分析，可以为资金的分配和学校的场景布置决策提供数据支持，以保证学校在正确的道路上发展和学校的可持续发展。

信息技术的进步也使学校教育管理工作减少了不必要的开支和不必要的流程。例如，办公自动化的普及使纸张不再被浪费，从而保护了自然环境。在智慧教育体系中，学校需要减少相当一部分的管理业务，使得一些旧的、不科学的管理制度被淘汰，从而促进教育管理工作效率的提高，优化了教育总体环境。

（四）实现学习资源的按需推送和无缝对接

按需推送可以实现有教无类、学有所教，按照学习者学习偏好、学习风格和学习需求，个性化推送学习资源；按照学习者的知识能力边界，适应性地推送学习活动流程；按照学习者的学习困境，适时推送学习指导；按照学习者的学习进度，适时推送各种学习工具或学习平台；按照学习者的性格特点，适应性地推送学习指导教师、专家及学习伴侣等人际资源。

智慧教育可以将学习资源无缝对接到学习者，泛在网络是其必要的基础条件。具体体现在以下方面：教育平台之间实现跨地域数据计算与共享；基于虚拟现实技术的真实世界环境与虚拟学习环境的无缝联结；任何学习终端无缝获取智慧云中的学习资源和服务；任意学习终端的学习内容和学习数据同步、无缝切换；任何人与人、人与特定学习社区或学习场景都可以沟通和交流。

[①] 朱锦龙. 智慧教学平台建设与智慧课堂教学模式研究 [M]. 长春：吉林文史出版社，2021：9.

三、智慧教育资源

(一) 智慧教育资源的概念

智慧教育资源指的是能够推动智慧教学开展,具有联通性、共享性、适应性等特点,为了培养智慧创作者的学习资源类型。

智慧教育资源能够为智慧教学提供资源支撑,提高教学活动的智慧化水平。学生在智慧教育中可以随时获取所需的学习资源,实现个性化学习。

(二) 智慧教育资源的特征

1. 语义聚合与联通性

智慧教育资源具有语义聚合和联通性特征,这与传统的数字资源的特征很不一样。智慧教育资源能够有效地促进教育管理水平的提高。

2. 深层开放与共享性

智慧教育的目的是全面地开放资源,以供其他组织使用,使需要资源的人可以获得所需的资源,这体现出智慧教育的开放性和共享性。

第一,智慧教育资源的挖掘和建设需要有一个统一的标准,以此保证资源的有效性和实用性。

第二,智慧教育资源共享的实现需要有一个很大的规模,以完成教育资源在较大范围内的共享,实现资源的深度共享。

第三,智慧教育资源的使用者不仅能够使用这些资源,还可以用自己的资源加入智慧教育资源中,建设智慧教育资源。

第四,使用智慧教育资源的人需要尊重原作者,在保护版权的基础上可以修改智慧教育资源,以不断优化智慧教育资源结构,发展智慧教育资源。

3. 多终端自适应性

智慧教育资源一般从以下四点认识终端设备并适应终端设备。

第一,智慧教育资源能够自动识别终端的属性和特征,根据识别出的信息提高适应性。

第二,智慧教育资源会根据终端操作的便捷性来调整自身的适应性,使智慧教育资源使用者完成交互学习任务。

第三,智慧教育资源能够根据网络状况在网络中获取资源,或是在本地数据库找到资源。

第四,智慧教育资源能够自动适应终端设备的地理位置,满足用户的需求。

4. 海量与泛在性

随着云计算、物联网、情境感知、大数据等新一代信息技术飞速发展及在教育中的广泛应用,智慧资源呈现出海量化、泛在化的特性。[①] 人们在生活中,在工作中都会用到大量信息,也会制造出大量信息,这些信息会被网络获取,被传至资源库,以供智慧平台处理信息。想要获得资源的人可以利用自己的手机或电脑来获取想要的信息,以实现资源的价值。

5. 多维交互性

现代技术的发展不仅推动了资源库的丰富,也推动了各种可穿戴设备的发展,使人们在获取资源时不仅能够看到文字信息、图片信息和视频信息,还可以穿上可穿戴设备来感受真实的情境,获得视觉、触觉的交互。这就是智慧教育资源的多维交互性特征。

四、智慧教育主要的应用形式

现阶段,大学生几乎人手一部智能手机,利用智能手机,其能接受教师的在线教育。传统课堂存在时空限制,线上课堂则不为时空所限制。在线上课堂上,教师能给学生提供更加丰富的知识,学生也能实时向教师提出自己的问题。教师解答学生问题的过程就是师生频繁互动的过程;而在传统课堂上,教师只是一味地讲解知识,并不会与学生展开频繁互动与交流。智慧教育是在线教育的表现形式,在发展过程中,其应用形式更加多种多样,主要表现为以下几种。

(一) 雨课堂

"雨课堂"在 2016 年由学堂在线与清华大学在线教育办公室共同研发推出。通过运用云计算、互联网、大数据等信息技术,为整个教学过程提供有力的数据和详细的信息,[②] 使得课堂互动更方便快捷,从而全面提升课堂教学效率。

雨课堂是一种教学工具,主要由手机端、桌面电脑端和远程服务器三部分组成,前两部分的任务是给师生提供服务,而远程服务器的任务则是维持系统

[①] 杨红云,雷体南. 智慧教育 物联网之教育应用 [M]. 北京:华文出版社,2016:170.
[②] 谭苏燕. 雨课堂在翻转课堂教学中的应用 [J]. 湖南科技学院学报,2018 (1):142-143,146.

的运行,帮助教师进行学生大数据的收集、分析与总结。雨课堂的用户界面都是在PPT和微信的基础上形成的,因此,教师与学生都能很好地适应,这就在很大程度上降低了教学工具使用的门槛。

雨课堂可以使教师提前将一些学习资源链接放到学习群,以供学生提前预习下节课的知识,或是补充自身的知识储备,从而完成资源的共享,实现课堂质量水平的提升。雨课堂是一个能够促进教师和学生互动的工具,能够帮助教师实现在线课堂教学。雨课堂便利了教学活动,使师生可以根据自己的时间安排教与学的时间,开展不同步的教学活动,极大地增加了课堂的灵活性。

(二) 云课堂

云课堂教学平台是信息化教学的重要形式。研发者以云计算技术和IPv6网络技术为研究基础开发出了云课堂教学平台。移动终端成为云课堂教学平台的载体,应用于教师教学与学生日常的学习生活中。

云课堂教学具有强大的交互性,也就是说,学生对学习资源可以自由选择和任意阅览,教师通过这样的交互性强和资源强大的平台,可以充分备课和优化教学设计。并且,云计算技术和IPv6网络技术让云教学平台打破了以往传统课堂需要受到时间和地点限制的壁垒。云教学平台的功能和服务更加多样灵活,建立了一个不受时间和地点限制的课堂。[1]

传统课堂与线上的云课堂联系起来,可以形成线上线下相结合的创新教学模式。云教学平台的技术开发让翻转课堂也开始广泛普及起来,翻转课堂让学生充分利用课余时间在云课堂教学平台上对教师安排的教学内容进行学习。如此一来,教师在课上的教学时间可以充分帮助学生深度理解知识,课下时间教师也可以根据学生的个性和需求来为学生进行针对性辅导教学。有了信息技术的支持,云课堂教学变得更加丰富灵活,也变得更加符合用户的需求,增加了用户与平台之间的黏性,也增加了教师与学生之间的交流和互动,有效促进了信息时代下教育的发展。

(三) 慕课

MOOC英文直译为大规模在线开放课程,我国学者一般称为"慕课"。MOOC这一名称本身就对慕课的概念和性质做出了解释。

"M"是Massive的缩写,即大规模的意思。大规模包括3层含义:第一,

---

[1] 李冰. 新时代大学生思想政治教育概述[M]. 长春:吉林大学出版社,2022:72.

课程的内容庞杂；第二，课程所容纳的学生数量多；第三，影响力扩大，学习该课程的人数越来越多。传统课程只有不足几百或者更少的学生来听课，而MOOC则不同，在网络上可以做到上万人观看学习，目前最多的已经达到16万人。

"O"（第一个）为Open的首字母，即为开放，也就是说，课程在网络上向所有人开放，只要想学习就可通过网络来获得课程参与权，不分年龄、地域、层次，只需通过邮箱注册就可以参与其中进行学习。

"O"（第二个）表示Online，是在线的意思，这些课程都是借助于多媒体提供可观看的视频和可交流的社区等平台，使用户能同时在线学习。

"C"是Courses的缩写，即课程的意思。

MOOC是一种全新的在线教育形式，无论在世界的任何角落，只要有网络，任何人都能免费注册，自由选择想要修读的课程，享受与哈佛、耶鲁一样的优质教学资源，具有与线下课程类似的作业评估体系和考核方式，按时完成作业和考试的学习者还可能获得课程证书。①

（四）微课

微课是教师将自己课堂需要讲述的内容进行数字化处理，将课堂教学内容转化为教学视频。教师利用微课教学，一方面可以节省自己的精力，保存自己的教学成果，方便多次高效利用；另一方面学生可以根据自己真实的学习情况进行重复观看，加深对学习内容的理解。微课主要包括两方面的内容：一是教师对知识的讲解，是对教学内容的重新解读；二是教师帮助学生找到适合自身的学习方法，增加师生之间的情感互动。

其一，微课的内容是教师基于教学的目标与计划等进行具体设计的，里面包含着重要的教学知识点，也包含着教师对教材的深度理解和富有创造性的教学活动。

其二，微课除了讲解基本的知识外，学生还可以从微课中学习到更多知识。例如，在微课的观看中，学生可以感受到教师知识讲解的思维过程，也可以看出教师的教学特点；教师在录制微课时，也是在面对学生进行一对一的知识讲解，学生可以更容易跟随教师的思维，学习到教师所传授的学习方法与技巧；微课里包含着教师对学生的殷切希望，学生更容易感受到教师的教学热情。

---

① 许旌莹. 网络信息检索与利用 [M]. 北京：北京理工大学出版社，2022：115.

微课与多媒体课件的教学是有区别的，多媒体课件主要是使用PPT将课堂上需要讲述的内容进行动态的展示，微课则是将课堂中某个教学的重难点进行讲解，希望学生可以通过微课进行自主学习。

微课并不是教师课堂讲解知识的现场录像，与普通的课堂讲解过程也有所区别。每一个微课都包含着一个或者几个重要的知识点，都有着完整的教学设计，包含着引入、内容详解与知识总结等不同的教学环节。

第二节 职业教育与智慧教育的融合必要性

一、智慧时代下的职业教育现状亟待改善

（一）学校的职业教育教学理念滞后

近年来，职业教育的信息化与现代化教学理念愈加受到重视，很多学校经常邀请专家和学者来校针对智慧教育、现代教学、信息化教学模式等主题进行演讲或培训，让教师吸收符合智慧时代的教学理念和方法。

但在实践中，这些演讲和培训往往收效甚微，很难从根本上改变教师和学校的教学理念。很多教师在参加演讲、接受培训的过程中，确实对智慧教学理念产生了一定的认同感，但演讲、培训一结束，其并没有将这种"认同"投放到教学活动之中，依然遵循着自己以往教学的方式。即使教师也认可这些教育理念的价值，但在教学实践中，很难主动落实。

此外，学校层面要么由于管理领导缺乏改革的决心，要么囿于资金有限，无法引进更为前沿的软硬件设施，导致智慧教育很难渗透到实际的教学工作之中，教师践行智慧教学新理念的掣肘也相对较多。

（二）教学目标、内容不符合新时代要求

职业教育的教学目标主要以技术、职业道德、审美教育为主，人才培养目标为一线岗位工作人员，而人工智能时代下学生需要具备数字能力、信息能力、良好的职业道德、行业前瞻意识等，但是具体的专业教育并不涉及这些教学目标。而且职业教育内容和社会脱节。

当前职业教育认识到学生参与实践的重要性，学校设置了实践基地，也为

学生提供了社会实践岗位，但是实践内容和教学内容出现严重不匹配的现象，学生在学校所学的知识和技能不能满足实践需求，因此很难尽快适应社会岗位，实现职业发展。此外，学校产教融合合作方式形式化倾向严重，只为学生提供具体的基础性岗位，很少涉及智能化技术，学生无法了解行业发展的新方向、新特征。

（三）教材对新的教育教学模式的适应性问题

不管是基于任务驱动的教学方法还是基于工作过程的教学模式，都注意激发学生的主动性，而这还需要一套不错的教材支持。对现有的职业教育课程使用的教材进行分析，可以发现教材都千篇一律，没有彰显各校职业教育的特色。

教科书的编写应注重完整性、先进性和纪律性。一般来说，教师习惯于根据教科书的内容完成教学任务，对教科书的内容有较大依赖性，这也意味着，教科书如果基本都是老旧的内容，就很难为学生带来更具前沿性的知识和理论，也不利于智慧教学模式的实践。因此，智慧时代下的职业教育教学改革，教科书改革也是一个非常重要的环节。

（四）缺乏高质量的职业教育教学评价

1. 评价过程过于随意

很多职业院校都有着比较随意的教育教学评价过程。

一是学生评教时基本都是对"优、良、及格或不及格"做随意的勾选，而不关注评价的是哪位教师以及评价的是什么样的内容。

二是在学生对教师进行评价时，会有一些人情分在里面，喜欢哪位教师就给其较高的评价分数，甚至会有满分的情况发生；但在遇到不喜欢的教师或者曾经批评过自己的教师时，学生就很容易带有自己的主观意见，不会给予教师高分，甚至还会恶意打低分。

三是教学质量评价的时间也不固定，评价过于随意。不同的课程有不同的评价安排，有的课程将评价的时间安排在学期中间，有的课程将评价的时间安排在学期完结后，这些不同的时间点也可能会导致不同的评价结果。

2. 评价主体不全面，评价比重分配不当

当前大多数职业院校比较重视学生的评价，但并没有考虑一些主观的影响因素，有些学校甚至还通过学生的评教结果直接判定教师的教学成效。

单一主体的评价结果并不能全面地展示教学成果，甚至还会打击教师的教学积极性,因此在具体的教学过程中,学校应该增加不同主体的教学评价,打造多元化的教学评价系统,并对不同主体的评价比重进行均衡分配。

3. 评价结果反馈形式选取不当

得到较为公正的反馈信息是教育教学质量评价的最终目的。然而有的职业院校的评价体系虽然比较合理,但是仍缺少科学的反馈形式,而且也没能及时得出反馈结果,由此导致评价与反馈之间的脱节问题比较严重,无法利用教育教学评价结果及时反馈教育教学质量,也就难以真正提升教学质量。[1]

二、智慧教育与职业教育融合的理论依据

由智慧教育引领职业教育改革,推动职业教育信息化快速和深入发展是迫切之举。其主要诉求在于:促使师生教育学习活动及其交互方式能够适应当前的社会技术水平;促使教师对职业教育课堂与职业教育课程能够以"互联网+"的方式进行理解、思考;促使教师在职业教育培训活动中对学习资源的运用能够实现实体化与虚拟化的相互融合,师生得以基于信息技术相互响应、理解和支持。

(一) 职业教育系统对智慧教育的观念依存

国内研究者基于智慧教育观念对职业教育进行了解读,认为目前处于智慧教育对职业教育的"全面推动"阶段,[2] 提出智慧职业教育的价值、实践和技术逻辑,[3] 为学生的工作过程提供资源、空间和人机对话的良好环境,以及"虚拟+现实"的智慧课堂等。

总之,类型教育需要在技术昌明、情感畅达的环境之中展开。智慧教育是教育与学习基于需求并能够依靠技术的能力创生方法论,服务于无限创意,促进意识向客观性发展的生态系统。职业教育需要在此系统内对教育意义、职业发展意义、终身学习意义等进行明确表述。这是数字技术赋能于职业教育一系列任务的观念依存和实践归宿。

---

[1] 蒋维维,全海燕.职业教育教学质量评价体系的构建[J].黑龙江教师发展学院学报,2023(10):72-75.

[2] 陈琳,王钧铭,陈松.教育信息化 2.0 时代的职业教育创新发展[J].中国电化教育,2018(12):70-74.

[3] 曾欢,朱德全.新技术时代职业教育智慧课堂建设的逻辑框架[J].中国电化教育,2019(6):6-13.

（二）智慧教育对职业教育改革的理论托举

智慧教育是在互联网式生活中，以接受教育、实现成长为目的，并与人的自由发展相关的环境描述、能力描述、价值描述，反映了人们学习行为自由、社会建构自主、信息开放共享的价值期许，使得人本主义观念在技术能力的支持下直接指向了教育的核心使命。职业教育多年来逐渐在教育价值与就业导向之间实现了协调发展、多元育人的基本格局，职业技能的培养以项目驱动、能力定制、岗位任务导向为主要方式展开，任务就是课程内容，与任务对应的各种协调工作及秩序即课堂。职业教育也需要涵养课堂，继而能够被智慧教育的生态圈所涵养，职业教育改革的目标因此能够指向职业教育的核心使命，带来职业教育教学运作模式的变革与创新。因此，职业教育虽然具有独立的意义，却在智慧教育的观念之内彼此关联，不宜分割。

智慧教育为职业教育的发展树立起"智慧"的观念，追根溯源，亦是在智慧教育之内萃取技术赋能、以人为本的基本内涵，并使之贯穿于职业教育的发展方向与深度的信息化路径之上。[①] 智慧教育全方位地为职业教育改革提供了理论托举。

三、职业教育与智慧教育融合的价值诉求

随着互联网技术的发展与进步，"智慧+教育"已经逐渐成为大众教育的重要模式。互联网技术与教育的结合让教育教学体系产生了新的变化，创新了课堂教学模式，改革了教师教学方式与理念，促使学校教育向更加智能化的方向发展。

（一）转向培养"现代职业人"目标的要求

国家教育改革中也着重强调了职业教育的改革，逐渐重视职业教育的作用。利用智能技术进行职业教育，可以让学生在校园内接触到更多在社会中生存所需的职业技能，可以消除一些学校与职业领域的"技能隔阂"，让学生不断提升自身的能力。随着科学技术的发展，社会市场结构出现了翻天覆地的变化，社会对职业人才提出了新的需求，职业教育需要随着社会需求进行改革，不断推出新的教育方式。在新时代职业教育中，职业院校需要培养具备学习思

[①] 唐鸣．智慧教育引领下的职业教育"三教"改革探析[J]．高等职业教育探索，2020（4）：74-80．

维、创新思维，适应能力强且具备可持续发展能力的职业人才。

在科学技术不断发展的今天，许多可替代性强的工作已经逐渐被人工智能取代，这一形势的发展也迫使人们需要不断增强自己的综合素质。世界各地都十分重视学生的创新思维与能力的培育，希望学生可以创造性地解决问题。因此，职业教育一定要做出改变，要培养具备高素质的全面发展的人才。智能化时代，学生如果不想自己被人工智能取代，就要不断增强自己各方面的能力，如人际交往能力、合作协作能力、终身学习能力等。各个职业院校也要积极迎合时代的变迁，提升学生的理论知识储备量，也提升学生的实践操作能力，打造"现代职业人"，以满足社会发展需要。在人工智能时代，学生需要具备更多技能才能适应多元化的社会发展，才能增强自身的竞争力。

（二）面向"交互式学习"模式的需要

如果想挖掘一项制度的深层内涵，就要了解这项制度出现的前因后果和历史变革。在政策方案制定之前，需要了解过往的制度，借鉴以往的经验，放大事物的优点，并结合当下的现实情况以及未来的发展趋势进行整体性的规划。互联网、云计算、大数据、虚拟现实技术、人工智能等多项技术的发展，已经让人们的生活模式发生了重大的改变，也影响着社会的产业结构发展，职业教育教学模式也需要进行大的转变才能适应当下的社会环境，需要增加更多跨学科的教学活动。

教育部等九部门颁布的《职业教育提质培优行动计划（2020—2023年）》中提出，建立产业人才数据平台，发布产业人才需求报告，研制职业教育产教对接谱系图，指导优化职业学校和专业布局，促进人才培养和产业需求精准对接。当下的职业教育需要将移动互联网、云计算、大数据等技术融入教学，不断开发新的教学模式，挖掘新的教学内容，推动职业教育教学的创新式发展。"智慧+教育"的教学模式，有利于学生进行个性化发展，有利于学生发挥自身优势，有利于学生成长为更加全面的人才。将多元的科学技术应用于职业教育，可以推动职业教育教学的改革，可以为职业教育教学的高质量发展打下基础，可以加快职业教育的转型升级。

（三）顺应智慧教育方向的必然选择

智慧教育与职业教育的结合是时代的必然选择，也是智能化教育发展的必然趋势。智慧教育可以促使职业教育教学模式进行完整的升级优化，可以让学生接触到更多的优质教育资源，也可以让学校采取更多变革措施，不断进行自我的优化与迭代。

首先，智慧教育让教学突破了时空的限制，扩大了教育教学空间。通过信息技术进行教学，教师和学生不再局限在课堂中，他们只要拥有互联网和移动设备就可以进行教学与学习。学生在学习过程中可以通过智能设备与同学进行问题的交流，也可以及时向教师提出自己的疑问，实现个性化学习。

其次，信息技术丰富了职业教育教学活动。智慧教育可以让先进的科学技术进入课堂，教师可以在课堂中组织更加多样的教学活动。例如，虚拟技术的加入让学生可以在课堂上进行实践操作，学生成为课堂活动的中心，教师是学生学习的辅导者。在智慧课堂中，教师可以采取多样的教学形式，充分调动学生学习的积极性，实现最佳的教学效果。

四、职业教育与智慧教育融合的战略意义

我国职业教育已经步入了一个全新的发展时期，人才培养进入了提高质量的升级期、变轨超车的机遇期和改革创新的攻坚期。智慧教育在破解传统教育难题和支撑教育系统结构性变革方面发挥着关键作用，已成为国际社会的共识。

在新时代，面对国家发展和民族复兴的迫切需求、未来世界发展带来的巨大挑战、知识获取和传授方式的革命性变化，我国发展智慧教育具有重大战略意义。

（一）推动我国职业教育改革

目前，我国职业教育还不能完全适应新时代国家经济社会发展和民族复兴的迫切要求，存在一系列发展难题：职业教育的理念相对滞后，教学模式和方法创新不足，人才培养能力不足；部分职业培训内容陈旧，与职业发展相脱节；区域之间、学校之间教育发展不均衡；办学规模快速扩张导致本科教学质量下滑，学生高阶思维、创新精神和实践能力不足；校园安全事件频发；等等。智慧教育旨在引导教师利用信息技术提升教育教学水平，并最终促使整件教育水平都能得到提高。

（二）实现职业教育"变轨超车"

我国的信息化发展水平已处于世界前列，"互联网+"在我国多个领域产生了革命性影响，也产生了巨大的效益。"互联网+"也必将催生新的教育生产力，打破传统教育的时空界限，引发教育教学模式的革命性变化。"互联网

+教育"正在成为世界各国争夺下一轮教育资源及教育发展主导权、话语权的重要阵地和焦点领域,在这方面我国与世界教育强国在起步阶段就站在同一条起跑线上。

因而,我国职业教育应当重塑教育教学形态,打造智慧学习环境,将现代信息技术深度融入教育教学,开展课堂教学创新,提升教师教学能力,为学生提供更多个性化学习的资源,提高评价的准确性和适配性,培养学生在新时代的核心竞争力;牢牢抓住信息技术变革带来的历史性机遇,加快提高我国人才培养的整体水平,推动职业教育质量实现"变轨超车"。

第三节 创建职业教育智慧课堂生态

一、智慧课堂概述

(一)智慧课堂的界定

智慧课堂在技术层面是通过新一代信息技术,如物联网、云计算、移动互联网等技术,对教育信息进行互动、感知、识别、捕获、汇聚、分析,进而辅助实现智能化的教育管理与决策;在教育层面是通过教师、学生、教学内容和教学环境的结构性变革,实现课堂教学模式、策略和方法的创新,支持学生个性化的学习探究,促进教师的教学智慧,促使学生形成智慧能力。

因此,智慧课堂可以被界定为:在新兴信息技术的支持下,通过课程生态重建、课堂结构变革和教学流程再造,构建精准化、智能化、个性化、协作化和动态化的课堂学习环境,适配以建构主义学习理论为基础的高阶课堂教学模式,有效促进师生智慧能力的形成。

(二)智慧课堂的基本特征

智慧课堂是以"互联网+"的思维方式,利用大数据、云计算等新一代信息技术打造的智能、高效的现代化课堂,具有以下特征。

1. 教学决策数据化

智慧课堂的教学需要以互联网传输作为起点,以信息技术平台作为教学辅助支撑,在学生学习的动态时间内,收集学生的学习过程信息并加以数据分析，通过可视化的方式进行呈现。智慧课堂模式使传统教学中教师仅通过课堂效果、答题分数等对学生学习效果进行认识，转向为通过学习数据更加精准地掌握学生实际的学习情况，使教师在教学过程中能够根据数据反馈，更有效、及时地调整教学内容和教学方法。

2. 评价反馈及时化

智慧课堂教学当中采用的是动态学习评价模式，在整体的教学过程当中能够对学生整体学习环节，包括课前预习、课中学习、课中测试、课后作业等都进行即时监测并实时反馈，可根据设置的数值对需要预警的学生及时提醒，这种行之有效的反馈方式重新组建了现代教学的评价体系。①

3. 交流互动立体化

智慧课堂使得师生交流沟通的途径变得丰富多样，学生与教师、学生与学生之间都可以利用网络实时沟通。除在课堂内与教师进行沟通外，学生也可以在课后的时间通过云端平台等方式与教师交流，摒弃了时空和空间的概念，实现了师与生、生与生之间的全天候异地交流，这也是智慧课堂的重要特征。

4. 资源推送智能化

智慧课堂在对学生可使用的学习资源方面提供了更多选择，师生可在课程平台上共享各类多媒体资源，如视频、电子文档、图片、声音等关于课后复习资料、拓展资料等学习资源，并可根据学习进程设置有针对性的信息推送方案，根据不同学生的个性化需求推送不同类型的学习资料，增强学生的学习效果。

(三) 智慧课堂的建构依据

智慧课堂的概念来源于智慧教育概念的延伸，完备于大数据、互联网等新兴信息技术的赋能，聚焦于教育教学中人才培养能力的提升，根植于先进学习理论的成果，具有丰富的内涵和特色。

1. 新兴信息技术是智慧课堂构建的环境条件

构建技术融合的生态化学习环境是智慧课堂的环境条件，并在网络技术、数据技术和交互技术等新兴信息技术的支持下，实现人机协调环境中的数据智慧、教学智慧和文化智慧，构建精准化、智能化、个性化、协作化和动态化的课堂学习环境。

---

① 韩佳伶. 智慧课堂背景下混合式教学模式改革研究 [M]. 长春：吉林大学出版社，2022：51.

2. 建构主义学习理论是智慧课堂的理论基石

教学思想或学习理论会直接影响教学活动基本结构框架和活动程序，并从教学模式中得到具体体现。因此，智慧课堂的构建必然会以某种学习理论作为其设计的理论基石，反映这一学习理论所揭示的规律。建构主义学习理论是互联网时代的核心教育理论，为智慧课堂的构建奠定了坚实的理论基础。建构主义学习理论"以学生为中心"的核心思想要求智慧教室必须能够适配合作学习、项目化学习等多种高阶教学模式，并能赋予学生更多个性化学习的机会，激发学生的学习兴趣，促进学习者主动建构知识意义。

3. "课堂教学革命"是智慧课堂的关键目标

"课堂教学革命"是当前高等教育教学改革的一个基本目标，美国科学哲学家库恩（T. S. Kuhn）在其著作《科学革命的结构》中揭示了"革命"的本质是要实现新旧范式的更新，并非"修修补补"。[1] 要实现"课堂教学革命"就必须以新型教学范式取代传统教学范式。智慧课堂的目标绝不是让传统"灌输式"的课堂更加高效，而是通过信息技术实现传统课堂教学中难以实现的课程生态重建、课堂结构变革和教学流程再造，从而建立新型教学范式，这正是实现"课堂教学革命"的标志和特征，因此智慧课堂的关键目标就是使"课堂教学革命"成为现实。

4. 促进师生智慧发展是智慧课堂的核心宗旨

对学习者而言，智慧课堂"以学生为中心"的课堂教学结构使得学生的"学"成为课堂的核心；精准化、智能化的教学数据分析和互动反馈确保了学习活动更符合学生的认知需要；翻转课堂、合作学习等高阶教学模式不仅仅以知识的传授为目的，更注重培养学生的自主探索、高阶思维、深度理解、批判精神和团队协作能力，从而形成学生的理性智慧、价值智慧和实践智慧。

对教师而言，智慧课堂能够让教师更加机智、精准地驾驭课堂，并实现教学的"减负增效"。教师根据教学中伴随性数据的采集、反馈与分析，及时应对课堂教学中的新情况，及时调整教学策略，优化教学进程，这使得生成性教学成为智慧课堂的一个重要特征，体现了智慧课堂中教师的教学智慧和艺术。智慧课堂还能够促进教师互动交流，形成"教师专业学习共同体"，及时开展教学反思，改进教学活动，形成"教学智慧"。

高效地实施智慧教育、建设智慧校园的关键所在就是构建智慧课堂，同

---

[1] ［美］库恩. 科学革命的结构［M］. 金吾伦，胡新和，译. 北京：北京大学出版社，2003：5-7，11-19.

时，这也是构建优良的智慧教育环境的现实诉求。构建智慧课堂的过程其实就是智慧教育逐步地实现技术与教育融合的过程，在这一过程中，学生的智慧能力也得以增强。

尽管政府已经意识到教育改革的紧迫性，也在诸多方面做出了一系列的改革，但教育创新不足的问题依然存在。信息技术在教育领域中的应用并没有真正地将传统课堂上存在的问题消除掉，在实际的课堂教学中，教师依然重视知识的灌输。而在这种情况下，构建完善的智慧课堂就变得十分重要。

二、职业教育智慧课堂生态建设的意义

（一）促使职业教育的理念转变

与传统的以知识为中心的课堂相比，智慧课堂有着突出的优势，它有效地避免了经验预设的问题，也加强了师生互动，增强了学生的协作能力，将每一个学生看作是学习的中心，实现了课内外教学的有效互补，同时也为学生提供了数字化的学习环境。学生是学习的主体，其学习方式与学习效果，都呈现出明显的多元化、个性化与生态化的特征。这些特征都在促使教师转变教育理念，加强与学生的互动。

（二）提高职业教育的教学效率

智慧课堂能依靠不同的信息技术营造良好的智慧教育环境，这里的信息技术主要包括大数据技术、虚拟现实技术等，这些不同的技术所发挥的作用并不同，能为职业教育信息化教学提供支撑。

在这种情况下，职业教育教师就可以利用多样的信息技术为学生建立智慧平台，使学生能在智慧平台上学习各种知识，教师就能利用平台数据对学生的学习情况进行分析、对比，甚至能为学生建立学情数据模型。

教师能根据智能分析模型清楚地把握学生的职业技能水平，也能对教学策略、教学资源等进行合理的分析，这样，教师就能给学生提供个性化的教学服务。教师能根据学生不同的学习水平帮助其制订学习计划，同时也能对学生错误的学习行为予以纠正，进而为学生建立完善的职业学习体系，提升职业教育的实效性。

（三）推动职业教育的教学方式更新

传统课堂上，教师使用最多的教学模式就是灌输式模式，这不仅可以从课

堂理论教学上看出来，而且还能从实操训练的不断重复上看出来。不过，笔者需要指出的是，在智慧课堂中，教师的职能发生了明显的变化，他们不再是课堂上的绝对权威，但他们在课堂教学中能发挥主导作用，可以对学生的学习进行必要的引导。这一教学模式下，教师可以为学生构建绝佳的智慧环境，学生在这样的环境中能不断激发自己的主体意识，最终使其个性获得发展。

（四）构建立体化互动的职业教育

智慧课堂是一种极具互动性的教学模式，强调师生的线下互动，也强调师生的线上互动，这就使教学不再为时空所限制，这样，教师与学生也能实现随时的沟通与交流。

1. 促进教师与学生的交流互动

教师可以在利用智慧课堂开展职业教育活动时，根据教学内容创建互动式教学情景，将相关知识以形象化、具体化的形式呈现出来，使其拉近教师与学生之间的距离。[①]

在智慧平台上，不仅教师能向学生提问，学生遇到不会的问题也能向教师提问。而且在这一过程中，其他的学生也可以参与，这就能有效整合所有人的力量，促使学生学习潜力的最大激发。

2. 增强教育元素的协同效应

智慧课堂可以将教师、学生与职业教育资源等要素有机整合起来，这样，教学就能实现协同效应。

首先，教师可以借助智慧平台向学生分享自己的操作经验，从而有效提升学生的实际操作能力，也能使其在探索操作技能的同时深化对理论知识的理解。

其次，学生也可以利用智慧平台共同探讨问题，彼此交流学习经验。这样，学生的学习能力将会显著增强，其分析与解决问题的能力同样也能显著增强。

（五）完善教育评价与反馈智能化体系

1. 推动职业教育评价数据化

智慧课堂在实施过程中通过大数据采集了学生学习的基本状况，并通过多

---

① 王一岩，郑永和. 面向智慧课堂的教育情境感知：价值定位、特征模型与实践框架 [J]. 电化教育研究，2021（11）：84-91.

样的技术对信息数据进行了分析与提炼,最终形成了一个客观、公正的学生数据模型。通过大数据形成的学生模型减少了教师主观意愿带来的影响,更加公平与客观,有利于维护学生的主体地位,也有利于教师进行客观的教育规划,获得更加真实的评价数据。

2. 推动职业教育教学反馈及时化

在职业教育中实施智慧课堂可以让教师及时了解学生课堂与课堂之外的学习动态,让教师了解学生学习存在困难的地方;教师可以通过大数据了解学生技能掌握程度,有利于推动职业教育教学反馈及时化,提升职业教育教学质量。

3. 推动职业教育学习评价多元化

职业教育中,教师不仅关注学生的理论知识掌握程度,还关心学生技术能力的提高,因此职业教育的学习评价本身就具有多元化和个性化的特点。在职业教育中应用智慧课堂,通过大数据采集学生信息,融合多样的理念,形成个性化评价的评价模式,进一步推动职业教育学习评价多元化。智慧课堂中多元的学习评价可以帮助教师更加了解学生的学习状况,有利于教师进行教学分析,并不断优化自身的教学方式与内容,有利于学生的成长与发展。

三、职业教育智慧课堂生态建设的逻辑起点

韦伯（M. Weber）将人的行为取向分为价值理性和工具理性两种,其中,价值理性是个体出于对义务、尊严、美、宗教等信仰而采取行动;工具理性是个体出于对行动的目的、手段和结果的考量而采取行动。[①] 职业教育的目标是培养既具备专业技能和知识理论,也具备高尚思想品德的技术型人才,因此职业院校需要不断调整自身教学计划,向具体的教学目标进发。

（一）职业认知逻辑：智慧课堂的"智慧之始"

职业教育是帮助学生认识"职业"的具体途径,学生需要具备职业自觉与职业认知。职业自觉是指人要具备从事这份职业的基本能力素养,并始终秉持积极的职业态度。职业认知是指学习者要具备职业认同、职业意识自觉与职业行为自觉等基本素质。传统的职业观中,"职业"是一种谋生的手段,共分为三个不同的维度：谋利、谋职、谋时。"谋利"是指从事这一职业的人可以通过劳动谋取一定的物质利益;"谋职"是指从事这一职业可以为自己谋取一

---

① [德] 马克斯·韦伯. 社会学的基本概念 [M]. 北京：广西师范大学出版社, 2005：31-34.

定的社会荣誉与声望等；"谋时"是指可以在规定时间内高效完成工作任务。这三个维度对职业的解读是人们对职业最初的认知，人们认为从事职业活动的目的就是获取物质利益或者社会荣誉。

从职业社会学的层面上来看，职业认知是学生对自己以后可能会从事的职业的性质、价值以及功能等的认识，它是学生形成职业意识的前提，[1] 甚至能在一定程度上影响学生以后的职业选择。

从方法论层面上来看，学生在求学期间对教师的认知主要源自教师。首先，专业教师在自己的专业领域有着一定的地位，他们能从专业角度出发给学生提供职业意见，也能帮助学生提前对职业规范、态度形成基本的认知；其次，从企业选聘的教师因为长期在企业工作而积累了不少工作经验，他们在职业教学中能给学生提供更多的职业信息与行业发展信息，这些信息能帮助学生对自己的职业做出合理的判断。

因此，学生不能只是被动地接受职业教育，而是应该多注意与教师加强沟通，从而了解与职业有关的有价值的信息，并利用这些信息做好职业规划。

现代学徒制是一种新颖的人才培养模式，它以满足企业对人才的技能需要为目标，通过稳定的师徒关系来强化对人的培养，从而提高人才培养质量。[2] 不过，需要明确的是，现代学徒制的确能促进人才的培养，但它也存在一些问题，主要表现为以下几点：第一，学生在参加企业实习时是有师父协助的，但其师父往往无法与学校直接联系，进而不能将学生在企业实习中的表现反馈给学校；第二，在学生到企业实习期间，校内教师一般不与他们有太多联系，这导致校内教师无法了解学生的职业技能掌握情况，对其职业教育开展也不利。而智慧课堂的应用让学生与教师之间的联系不再受时空限制，学生与教师可以以网络为媒介进行联系，拉近了师生之间的距离，有利于学生的职业指导。

职业教育智慧课堂是基于信息技术建立的课堂，具有即时反馈评价、过程追踪记录和协作互动交流等多样的功能与特征。这也意味着，教师通过智慧课堂可以实时把握学生的学习情况，可以及时查看学生的学习数据，并可以根据学习数据对学生进行学习情况的分析；可以利用智能互动设备与学生进行交流，准确把握学生对职业的认识，并可以及时调整自己的教学内容与教学计划。学生也可以通过智能设备及时与教师取得联系，及时请教教师自己在学习

---

[1] 张明新，陈先红等. 正在形成的"认知共同体"：内地与台湾公共关系从业者职业认知比较研究 [J]. 新闻与传播研究，2014（2）：35-55.

[2] 张瑶祥，何杨勇. 我国职业教育现代学徒制构建中的关键问题分析 [J]. 中国高教研究，2018（7）：100-103.

和实习过程中产生的问题，了解自身学习情况，并自觉调整自身的学习计划与学习方法，强化学生的职业学习自觉。

（二）职业技能逻辑：智慧课堂的"智慧之基"

职业教育最重要的目标就是培养有着较强的职业能力的"社会人"，指导学生合理地制订职业生涯规划。可以看出，职业教育并不仅仅是教会学生怎样做，而是引导学生如何提升自己，在以后的工作中能发挥更大的作用。在教学中，教师应该鼓励学生从不同的方面收集信息，同时可以结合案例与任务发现事物的规律，从而总结经验，以便更好地开展工作。

当前，我国职业教育存在向精英教育靠拢的倾向，却忽略了职业教育的"职"姓。[①] 与大众教育相比，职业教育的特色就在于职业，职业教育的目标是培养具备职业技能的学生。然而部分职业院校采取了错误的教学方式，在职业教育中为学生讲授更多的专业理论知识，但学生难以理解这些深奥的专业理论知识，因此教学效果并不理想。当然，学生在职业教育中需要了解一定的专业理论知识，学生必须有扎实的理论知识才能创造性地解决生产与服务的实际问题，但专业理论知识的学习并不只有课堂知识教学这一种方式，职业教育应该采取更多实践教学，帮助学生从实践中获取更多理论知识。

学生在专业实践活动中可以加深对专业理论知识的理解，有利于学生将扁平的书本知识转化为立体的专业技能，更有利于培养学生的职业技能。然而，通过真实设备进行专业实践教学也存在一些弊端，例如，学校的教学设备有限，并不是每个学生都可以进行实际操作，这既不利于教师考核学生的实际操作，也不利于学生掌握真实设备操作技能；另外，学校的设备引进也受限，并不是所有的设备都可以进行具体的展示，不利于教师设置不同层次的实验项目作业和故障排错任务。职业教育智慧课堂将物联网技术、VR 和 AR 技术引进课堂，教师可以利用这些技术进行实践活动的优化，也让职业教育的实践活动变得丰富多彩，有利于学生职业技能的提升。

职业教育智慧课堂是将智能形态的技术与课堂教学进行深度的融合，教师可以利用这些技术将抽象晦涩的理论转变为可视的具体工作过程，让学生了解更多职业相关的专业理论知识，提升其专业实践技能。例如，教师可以依托虚拟仿真、人机交互技术等建立虚拟仿真实训系统，让学生可以通过线上的操作了解真实设备的用法，也帮助学生获得更加真实的实践体验，有利于学生总结

---

① 刘猛. 高等职业教育何以"职冷高热"[J]. 教育学术月刊，2018（9）：36-41.

相关的专业经验，提升学生的实际操作能力。

四、职业教育智慧课堂生态建设的策略

（一）更新职业教育理念

职业教育要有责任担当和对新事物的探索精神，充分考虑信息化资源和媒体环境格局的变化，认识到智慧课堂既是时代的要求，又是职业教育发展的方向，从理念上重视并积极应对，通过在教学设计、课程实施、场景搭建等多个环节的切入，使智慧课堂形式更丰富、维度更多元。

同时，要加大信息化教学师资培训，用好新媒体技术这个有力武器，从它的实施者——教师入手，让教师充分重视机遇和正视挑战。通过云资源共建共享、教学云平台有机融合，营造参与度高、活跃度强、体验感好的课堂教学新形态，实施全员参与、全程贯穿、全方位培养的"三全育人"模式。

（二）优化智慧课堂环境设施

1. 加强智慧课堂基础设施建设

职业院校应该加强智慧课堂建设，加大财政投入，要注意升级校园网络系统，始终保持网络的稳定，从而使教师能高效地开展教学活动，使学生能有质量地开展学习活动。职业院校在建设智慧课堂时可以积极引入虚拟现实技术与增强现实技术，这些先进的技术能进一步开阔学生的视野，激发其学习的积极性，从而保证教学的质量。

2. 注重职业教育网络资源库建设[①]

各个职业院校在建设智慧课堂时，可以充分利用互联网上现有的网络教育资源，将这些资源与本校的教学特色相结合，建立具备本校特色的网络资源库。教师可以不断更新网络资源库中的教学资源，让学生可以在课下根据自己的学习需求自行寻找合适的教学资源，不断提升自己的职业技能。通过职业教育的网络资源库，教师可以采集学生的学习信息，了解学生职业技能学习动态，了解学生学习之间的差异，并针对这一现状进行学习计划的调整，为学生制订个性化的学习计划，为学生推送有针对性的教学资源，让职业教育更加智能化。

---

① 孟笑飞，赵小彦. 高校形势与政策课程智慧课堂建设研究［J］. 南昌师范学院学报，2020（6）：91-94.

（三）提高教师的智慧技术素养

基于智慧课堂的混合式教学，需要教学管理者和实施者具备相当的信息化认知水平和教学能力。

1. 构建教师教学能力提升平台

构建网络研修、研训共同体，鼓励教师参加全国职业院校技能大赛教学能力比赛，提高课程设计能力和把新技术应用于实践的能力。

2. 利用新媒体技术共建智慧课堂

利用好新媒体技术这把"双刃剑"，教师和学生共商、共建、共享智慧课堂，并结合专业特点、学生学情和学习效果适时调整智慧课堂构建方案和内容。

3. 全面提升教师信息技术素养

注重教师的信息素养提升，着眼于利用新媒体技术开发与教师教育相关的精品课程群。只有教师提高了新技术和新范式的应用能力，才能在教学实践中将智慧课堂的内涵和前沿性传递给学生。

（四）完善智慧课堂实施措施

1. 职业院校要完善智慧课堂监管制度

首先，智慧课堂建设过程中可能会出现某些混乱，学生可能会利用互联网做一些与学习无关的事，因此教师应该加强对学生智慧课堂学习的纪律性约束，并要求学生在智慧课堂开设期间遵守学习纪律。教师可以制订严格的课堂纪律，帮助学生树立正确的上网观念，让学生学会在网络上学习的方法，帮助学生提升信息检索能力。

其次，教师要让学生之间互相监督学习状态，学生之间互帮互助，共同养成良好的网络使用习惯。

最后，学校可以与家长合作，开发家、校协同共育机制。学校可以加强与学生家长之间的联系，并要求家长做好表率，让家长引导学生学会科学、合理地上网。学校也应该组织更多主题班会、校园宣讲会、社团活动等，在校内积极宣传智慧课堂的相关功能，让更多教师和学生了解使用智慧课堂的优势。

2. 提升学生自主参与意识

职业教育对学生有着很高的要求，要求其能将自己学到的知识应用在社会实践中。因此，对于每一位学生来说，他们都应该自觉地参与职业教育的每个环节。特别是在智慧课堂模式下,职业院校必须有意识地提高学生自主参与意识。①

高校应该建立智慧课堂平台,鼓励教师与学生能在智慧课堂平台上加强互动与交流,这样,教师能将知识快速地传递给学生,而学生则能利用教师传授的知识进一步充实自己的知识结构,也能让其更加主动地配合教师的教学。

---

① 王成名,王文兵. 基于"四动三起来"理念的高职"精准思政"智慧课堂探析:以思想道德修养与法律基础课程为例[J]. 广西教育学院学报,2021(6):153-157.

第五章 职业教育与校企合作研究

职业教育旨在培养应用型、技能型的人才，因此，对于学生来说，他们主要的任务就是掌握更多的职业技能，提升自己的技能水平。传统职业教育教学模式往往存在一定的弊端，主要体现为在教学过程中，教师占据绝对的主导地位，只是一味地向学生接受理论知识，并不重视培养学生的专业技能。但应该指出的是，理论知识是需要接受实践检验的，如果没有了实践的支持，所谓的理论知识也不过是落在纸张上的文字而已，没有实际的意义。传统职业教育教学课堂上，教师所使用的教学方式是一种片面化的教学方式，没有结合社会发展的实际，也没有考虑企业对人才的要求，具有明显的缺陷。因此，各大高校应该重视与企业的合作，多给予学生到企业实习的机会，从而使学生的实践能力得以增强。

第一节 校企合作概述

一、校企合作的定义与本质

（一）校企合作的定义

校企合作是"公办高校+企业"合作模式，即公办普通本科高校与企业合作创办的独立学院。

（二）校企合作的本质

1. 校企合作的教育模式

校企合作教育模式是一种围绕社会需求而形成的一种运行机制，是学校与企业共同参与、构建的模式。在这一模式的实施过程中，学校与企业都能发挥自己的优势，甚至可以共同建立实践基地，这能有效提升职业教育的质量。传统教育模式下，人才的培养主要靠学校，但学校的"能力"毕竟有限，而在校企合作模式下，企业可以在人才培养工作中发挥作用，能为学校提供人力、物力、财力资源，能为学生提供许多的实习机会，进而使学生能将自己的理论所学应用在工作实践中。

2. 校企合作的双方目标

学校与企业对人才的要求并不一样。因此，二者加强合作有利于培养出更加优质的人才。学校在人才培养工作中并不重视盈利，而企业并不一样，其所开展的一切工作都是以盈利为最终目的的。职业院校为学生提供教育公共产品，为学生提供多样的服务，以学生与社会的满意为宗旨。企业与学校有显著的不同，它提供的是商品，追求利益是其不变的原则与目的。

在校企合作中，学校强调与企业展开合作，共同建立学生实习基地，为学生提供多样的实习条件，这一方面能帮助学校培养更多的双师，另一方面也有利于促进学校职业教育改革进程的逐步推进。企业则希望与学校加强科研合作，从学校获得先进技术成果的支持，从学校获得大量的优质人才，等等。

其实，校企合作就是一种教育与经济展开合作的形式，它会根据企业的需求变化而做出适当的调整。当社会经济发生变化之后，校企合作模式也应该发生变化。

3. 校企合作的法律关系

从法律层面上来看，校企合作的法律关系其实就是一种民事合同法律关系。平等主体的自然人、法人、其他组织之间设立、变更、终止民事权利义务关系的协议就是合同。合同表现出了平等、自愿两大特征，符合当事双方的想法，对当事双方都具有法律约束力。

校企合作合同与其他的民商法合同一样，从其主体来说，它主要表现为学校与企业这两大当事方，二者会将自己的实际诉求置于合同中。校企合作的利益方并不仅仅指学校与企业，政府、各大行业与学生都能成为校企合作的利益方。其实，政府才是推动校企合作的重要推动者，在学校与企业合作方面发挥重要作用。从校企合作合同的内容角度来说，校企合作旨在在学校与企业之间建立一种合作伙伴关系，同时，学校和企业都对这种关系比较认可，能根据合同履行自己的责任与义务。

因此，可以说校企合作的本质首先是一种办学模式，各主体的合作是为了培养人才。其组成要素不仅有学校和企业，还应有院校主管部门、政府部门等利益相关者。

二、校企合作的价值与模式分类

(一) 校企合作的价值

1. 有利于充分发挥企业的优势

企业是将理论与实践技能知识整合在一起的平台，这一平台有着大量的优秀的工作人员，与学生相比，这些人才的优势比较突出，他们往往有着较强的实际操作能力。企业能为学生提供更多的实习机会，这些实习机会能让学生将自己在课堂上学习的理论知识应用到实际中。校企合作模式的实施，能让学生在企业中积累丰富的经验，同时也能让其验证自己所学习的理论知识，进一步丰富他们的知识结构。学生如果能抓住好实习机会，并积累经验，那么，当其毕业走上工作岗位之后，其就能创造出更大的财富。

2. 有利于彰显职业院校的优势

相较于企业，职业院校更为强调理论知识的教学，同时强调对学生职业素养以及技能的培育。[1] 实施校企合作模式之后，那些以往只是存在于课堂上的理论知识将会被应用在课堂中，这能进一步帮助学生检验自己的所学，也能丰富课堂教学内容，能帮助高校培养更多的实用型人才。

3. 有利于实现企业与职业院校的共赢

企业在培育人才方面需要投入大量的成本，与其他投入的成本相比，人才投入成本会更大一些，而且，人才也能为企业创造更大的效益。企业培养人才需要的时间比较长，需要几年才能培养一个优秀的人才，使其掌握技能经验。而如果学校事先对学生进行培养，使其掌握足够的知识，那么，其在企业工作中就能更加灵活自如。学校本身并没有太多能够让学生加强训练的基地，而企业则能为其提供这样的一种基地，使学生能不断提升自己的操作能力。可见，不管是对于学校来说，还是对于企业来说，校企合作模式都能让二者获得一定的益处。

(二) 校企合作模式的分类

按照合作的深度，校企合作模式可分为以下三种模式。

---

[1] 白广明，张养安. 职业院校校企合作的实施路径探析 [J]. 科技视界，2022 (7)：159-161.

1. 浅层次合作模式

浅层合作模式是一种学校尽量按企业所需确定专业方向，根据学生课程学习和专业技能要求的需要，在企业建立实习基地，成立专业专家指导委员会和实习指导委员会的模式。学校应广泛聘请行业（企业）的专家、高级技师等作为指导委员会成员，与企业签订专业实习协议，并与其逐步形成产学合作体。

2. 中层次合作模式

中层次合作模式中的合作内容更加深入，例如，学校可为企业提供咨询、培训等服务，并建立横向联合体，成立董事会，形成多元投资主体。董事会成员可为国内外的企业家、专家、学者及社会各界知名人士，争取社会各相关行业、企事业以董事单位的身份支持学校发展，并建立由知名专家参加的专业指导委员会，为学校发展制订切实可行的专业教学计划，按岗位群的分类，确定专业能力结构和非专业能力素质的群体要求，根据企业的需要进行人才培养。

3. 深层次合作模式

这种模式是产教依存发展校企合作的最佳合作模式，表现为企业与学校相互渗透，学校根据企业的发展需要进行专业建设，进行科研攻关，利用一切途径将研究成果转化为工艺技能、物化产品和经营决策，提高整体效益。在这一模式中，企业的积极性与主动性被激发了出来，更加愿意到学校投资，甚至与学校建立更加稳定的合作与共享关系。学校可以将自身的科研成果共享给企业，从而使企业在不断发展的同时，也能促进地区经济的发展。同时，学校也能从地区企业中获得更加生动的教学案例。

三、校企合作的内容与原则

（一）校企合作的内容

职业教育的发展是推进我国现代化建设的根本需要，校企合作办学是实现职业教育培养目标的有效手段。[①] 职业教育开展校企合作育人是由其本质属性和使命决定的。职业教育的职业性和跨界性决定了仅仅依靠职业院校是不可能独立完成职业教育人才培养任务的。笔者下面介绍一下校企合作的主要内容。

1. 校企合作是学校与企业开展全方位的合作

校企合作已经从简单的人才培养、劳动力输出转变为校企全方位合作，共

---

① 李镇山. 推进校企合作发展的探究［J］. 读与写，2021（7）：14.

同打造高水平、高素质技术、技能人才。通过多年来的实践证明，哪所学校的校企合作搞得好，他们的办学搞得就相对好，培养出来的学生就会受到企业的青睐。学校与企业已经形成了你中有我，我中有你的发展局面，企业开始全方位关注学生成长，积极参与、承担人才培养的历史重任。因此，最先进的职业教育应当由企业引领，先进的、现代的管理理念应该来自企业；科学的、持续的人才培养来自企业，因为人才竞争是企业第一竞争；领先的、创新的技术技能应该来自企业，因为企业要生存，需要具有超前的市场视角。

2. 校企合作是促进职业教育发展之路

校企合作是存在于学校与企业之间的一种合作关系，是能促进二者互利共赢的发展模式。学校能了解企业的人才需求，为其培养针对性的人才，这就极大地帮助企业省去了社会招聘流程，也能极大地满足了企业对人才的需求。高校在发展过程中应该认识到依托企业资源的重要性，应该积极地与企业加强合作。

校企合作、产教融合是促进职业教育发展的必由之路。在职业教育发展过程中，必须做到"产业、行业、企业、职业、专业"统一协调，带动学校深化校企合作、强化产教融合，全面提升办学质量和服务能力。企业通过多种方式参与院校专业规划、课程设置、教材开发、教学设计、实习实训等活动，促进企业需求融入人才培养环节之中。但在上述项目实施过程中，作为校企合作中的主导方——学校必须安排专家型教师或者专业带头人等进行梳理和沟通，明确学校在项目中的目标、任务，以及实施流程、管理过程与方法、考核评价标准等。进一步明确院校和企业各自的责任，哪些内容需要企业协助完成，哪些内容需要学校自己完成，哪些项目需要校企共同完成等。在完成的过程中要做好详细的计划，包括时间、节点、负责人等。这样就避免了在以往的校企合作中，学校不明白，企业也不明白，互相推脱责任，造成了企业走过场、学校闭门造车的现象。

随着国家对职业教育政策利好的相继出台，作为职业教育工作者，其必须站在发展的高度上，审时度势，加快推进校企合作、产教融合。在校企合作中，校企双方应从长远利益出发，不能一味地强调自身利益和眼前利益。教师不能仅仅从学校的角度来看问题，而是希望企业参与学校教育教学和管理中，应该从企业的角度换位思考，与企业展开合作，做到"共用、共管、共享、共赢"。学校要敢于担当、主动出击、不断创新、大胆实践。

3. 校企合作育人

校企合作育人是指职业院校与相关企业根据岗位需求、共同制订人才培养方案、共同实施教学的技能人才培养过程。[1] 在教学过程中，学校与企业双方应该共同分享资源、共同承担风险，共同分享成果，从而有效达成人才培养的目标。

校企合作育人的构成要素包括四个：第一，目标一致性。人才培养的目标表现为人才应该符合企业的需要；第二，要素互动性。应该围绕合作育人机制，对人才培养的所有要素进行统一的管理，然后加强教育资源的利用，从而有效保障人才的培养质量；第三，时空接续性。从时间层面上来看，应该保证学生从入学到上岗，都应该接受针对性的培训。从空间层面上来看，课堂教学到实践教学，学校到企业，等等，不同的过程也都需要合理的衔接转换；第四，成果显著性。校企合作育人的效果并不能仅仅依靠某一方，而是需要各方的共同努力。

4. 校企共同组建工匠型教师队伍

校企合作开展双师型教师队伍建设，学校的主要任务是对教师开展理论培训，丰富教师的专业理论知识结构、提升专业教育教学的能力，加强教师的师德教育和社会主义核心价值观教育，从而使其成为有理想信念、有道德情操、有扎实学识、有仁爱之心的"四有"好教师。企业培训主要是对教师开展实践培训，让教师们了解企业的岗位标准、管理、软件和硬件等，重点是安排教师到企业跟岗生产、顶岗生产、进行技术研发等。

5. 校企合作实训基地建设

学校在实训基地的建设过程中，教师们往往按照学习的功能进行设计和采购，一旦建成之后与企业合作，则发现实训基地的功能与企业生产相差很大，基本上不能开展生产性合作。因此，在合作建设中，企业根据专业特点进行方案设计，必要的时候提供相关仪器和设备，帮助院校建立学习型实习、实训基地。另外，企业也可根据自身条件和实际需要，将基地建在企业。

(二) 校企合作的原则

1. 校企互为服务的原则

为企业服务是学校的指导思想，也是打开校企合作大门的前提和基础，决定着合作成败和成功率的高低。[2] 学校要主动深入企业调研，了解企业人才需求状况、用人标准、技术需求，积极为企业开展培训，急企业之所急。同时企

---

[1] 夏海明. 校企合作育人路径研究 [J]. 长沙民政职业技术学院学报, 2020 (2): 91-93.
[2] 于万成. 校企合作创新之路 [M]. 北京: 机械工业出版社, 2021: 40.

业也要为学校提供相关的服务。

2. 校企互为互利的原则

校企合作开展的基础是学校与企业都能从校企合作这一模式的实施中获利。企业在校企合作中有着一定的权利,能对学生进行选择,其会选择那些比较优秀的学生到企业工作。

3. 校企"六个统一"的原则

校企合作是双向活动,因此必须做好"六个统一":利益与责任必须高度统一,必须统一领导,必须统一管理,必须统一规划,必须统一实施,必须统一检查考评。

4. 校企互相渗透的原则

学校应该多给校内专业教师一些到企业实践的机会,同时也应该从企业选聘一些优秀的工作人员到学校任教。在企业与学校这样的互动交流中,学校教师能不断提升自己的实践能力,而企业工作人员则能不断充实自己的理论知识结构。校企还应开展技术研发,充分利用学校部分教师的实践和研发能力,针对企业生产的技术问题,组织教师进行研发。

第二节 职业教育与校企合作的理论基础

一、人力资本理论

人力资本理论作为经济学中的一个重要分支,有其出现的必然性和必要性。西方人力资本理论主要包括人力资本理论正式形成之前的人力资本思想和现代人力资本理论的形成与发展;中国开展人力资本理论研究时间较晚,在西方人力资本理论的基础上进行本土化研究,其主题广泛,主要方向有人力资本与经济增长、人力资本计量、人力资本投资收益、人力资本效率、微观人力资本理论等。

(一)人力资本的定义

人力资本是与物力资本相对的概念,指凝聚在劳动者身上的知识、技能,以及劳动者表现出的能力。[①] 人力资本是通过人力投资形成的,投资的主要途径包括教育训练、医疗保健、劳动力流动、移民入境等。其中,由教育支出形成的教育资本为其主要组成部分。

人力资本作为一种资本形式和生产要素,强调的是人的体能、智能和技能的资本性,追求的是价值的最大化,并支配和推动其他形式的资本发展。人力资本的作用主要体现在以下几个方面:第一,推动产业结构调整,促进经济增长,第二,人力资本的教育投资可以提高受教育者的收入,提高劳动力的质量,调节收入分配,减少教育中的不平等现象。

大学生的就业是关系民生的重要问题。人力资本与社会资本作为影响大学生就业的两大关键因素,近年来备受学界关注。大学生的就业问题不仅牵涉普通家庭的幸福与利益,也直接影响国家的长治久安。职业教育能培养优质的技能型人才,使大学成长为优质的人力资本资源,而要实现这一目标,高校需要与能给大学生提供实习、就业机会的企业合作。

(二) 人力资本理论的内容

人力资本理论极力主张人力资本对经济活动的重要影响,指出人力资本是凝聚在劳动者身上的知识、技能及其所表现出来的能力,它形成于教育、医疗保健、劳动力在国际国内的流动及信息获得等众多途径。

1. 人力资源是一切资源中最主要的资源

人力资本理论是经济学的核心问题。舒尔茨(T. W. Schultz)一直强调要把人力资本理论看作经济学的核心问题来研究。

2. 人力资本的作用大于物质资本的作用

舒尔茨认为,空间、能源和耕地并不能决定人类的前途,人类的前途将由人类的才智的进化来决定。并认为,当代降低人口数量而提高人口质量的趋势表明,质量和数量是可以互相替代的。降低对数量的要求就是赞成少生育和优育儿童。这种要求提高质量的运动有利于解决人口问题。

在现代化生产条件下,当代劳动生产率的提高,正是人力资本大幅度增长的结果。舒尔茨指出没有对人的大量投资,就不能享受现代化农业的硕果,也不能拥有现代化工业的富裕,我们经济发展中突出的特征就是人力资本的形成问题。

[①] 吴遵民. 终身教育研究手册 [M]. 上海:上海教育出版社,2019:121-122.

3. 教育投资是人力资本的核心

人力资本包括人口数量和质量，而提高人口质量更为重要。[①] 教育是提高人口质量的主要手段。教育投资是使隐藏在人体内部的能力得以增长的一种生产性投资。提高人口质量的关键是教育投资。因为各国人口的先天素质和潜在能力基本上是均衡的，或者说是相近似的，但是后天获得的知识、技能和能力，却是有差别的。人口质量与素质是不完全相同的，其根本原因是各国教育投资水平不同，社会平均教育程度不同。教育投资比物力投资更有利，会带来更多的利润。

二、收益边界理论

企业收益是校企合作收益最为直接的表现。企业的运转需要具有良好专业素养的人力资源、先进的专业理论和技术、核心产品的研发——这些都可以通过与职业院校合作来获得。而从育人的角度来看，校企合作的收益应当是学生所获得的收益，校企合作的根本出发点和立足点是对学生职业能力的培养。只有校企合作使学生获得了真实的收益，具备了良好的综合职业素养，学校与企业的协同育人才真正发挥了作用，企业也得以收获更为优质的人才。

因而，校企合作的收益边界其实是学生的收益，当然，这里的"收益"并非仅指薪资收益，更重要的是通过企业实训所获得的岗位收益、技能收益和实践收益，这些收益是隐性收益，但却能够成为学生日后进入职业领域的强大助力。为了提升学生在校企合作中取得的收益与学校教育的联系更为紧密，应当根据学生的专业、个人素养、理论水平等综合信息为学生匹配实习对口的工作。由于企业和职业岗位本身的技能需求差异，学生收益的评价应当综合考量企业状况、专业和职业特点、学生所获成果等因素。

遵守校企合作收益边界的基本条件有：第一，学生掌握的理论知识与技能水平必须达到岗位最低需求标准；第二，学生能够到技术含量较高的岗位工作。[②] 基于此，职业院校与企业在校企合作时必然需要支出部分成本用于学生教育和实训。这一成本与校企双方的收益成反比，而与学生的收益成正比。也就是说，学校和企业的人才培养投入越高，校企收益越低，学生获得的收益则越大。

---

① 于莉，王颖，孙长远. 职业教育校企合作的理论与实践 [M]. 长春：吉林人民出版社，2021：16.

② 李晓. 职业教育校企合作的收益边界分析 [J]. 职教论坛，2018（9）：28-32.

三、组织间关系解释理论

组织间关系的解释理论主要包括以下几方面的内容。

(一) 交易成本理论

交易成本理论是组织制度研究的核心理论之一。[①] 交易成本是在产权（根据契约）被用于市场商务活动中的交易时发生的。首先，它由信息搜寻成本构成，还包括谈判成本、缔约成本、监督履约情况的成本、可能发生的处理违约行为的成本。这些信息成本和为契约作准备的成本都是先于交易决策而"沉淀"的。因此，开展组织间合作活动，建立长期信任的承诺关系是降低生产和交易成本的一个上佳选择。职业教育领域中，校企合作模式要想得到长久维持，交易成本理论是其有力的支撑。

交易成本理论被应用于社会各个领域的分析，但是都基于一点假设，即技术条件没有发生变化。但是，当前的数字技术进步非常快，这样的进步是如何影响交易成本的，又是如何影响生产成本的，进而影响社会合作方式的，这将是未来交易成本理论需要回答的基本问题。

(二) 资源依赖理论

资源依赖理论主要是为了研究组织结构变化与资源利用的关联，其事实上属于管理学范畴。20世纪40年代到20世纪70年代，资源管理理论产生并迅速发展，一度取代其他组织管理理论成为应用率最高的组织关系分析理论。资源依赖理论推动了对组织生存发展的探索重心由组织内部向组织关系的转变。其核心假设是，没有任何一个组织能实现完全的自给自足，基于生存的首要使命，组织不得不采取自我局限突围的策略而经由环境获取资源。[②] 对于组织生存发展来说，组织与组织之间相互关联所形成的特定环境具有关键性作用。如果组织具有较高的理性，那么，它往往不容易被环境所动摇或影响，而是与环境产生相对平等的交互，以从环境中获得其所需的生存发展资源，同时也会促使处于这一环境中的各个组织由于资源的配置和需求而出现权力的分层。基于此，组织生存发展的先决条件就是掌握和调节与其他组织的关联。资源依赖理论为组织赋予了新的身份，即行为者。

[①] 张肖虎. 交易成本理论及其拓展 [J]. 合作经济与科技，2022 (19)：134-135.
[②] 罗自刚. 基于资源依赖理论的乡村治理重构 [J]. 三晋基层治理，2020 (1)：7-16.

这一观点的基本思想是：一个组织对另一个组织的依赖程度取决于三个决定性因素：资源对于组织生存的重要性；组织内部或外部一个特定群体获得或自行裁决资源使用的程度；替代性资源来源的存在程度。如果一个组织非常需要一种专门知识，而这种知识在这个组织中又非常稀缺，并且不存在可替代的知识来源，那么这个组织将会高度依赖掌握这种知识的其他组织。

（三）社会交换理论

社会交换理论从微观的角度探讨人类的社会行为，研究人与人之间的社会交换关系，强调人类的理性、相对利益、互惠的交换模式。社会交换理论的思想家们认为，社会领域的特征在于，生活于其中的行动者在与他人的关系中受其得到的酬赏或效用的需要驱使而彼此交换资源。该理论运用行为主义的观点，从单个企业的行动结果切入来审视组织间合作网络的决策与行为过程，并对影响组织间关系的社会行为进行解释，最适合分析组织间关系中经济学理论无法解释的信任、承诺等关系。

（四）利益相关者理论

利益相关者理论最早是由西方学者提出来的，一经提出就在许多领域获得了应用。直到今天，它依然是管理学、经济学等领域非常推崇的理论。20 世纪 60 年代，"股东至上主义"模式被提了出来，它认为所有企业的股东都致力于追求效益的最大化。股东并没有耐心追求长期利益，他们只是着眼于短期利益。随着对大量企业发展经验的总结，"股东至上主义"模式的不足逐渐显现了出来。因此，在 20 世纪 80 年代，利益相关者理论开始取代它，成为人们推崇的学说。为了同一个目标，某一个体或群体聚集在一起，他们投入人力资源、物力资源等，这就是利益相关者理论。当然，在投入的过程中，他们还要承担一定的风险。

在利益相关者理论看来，利益相关者之间的利益关系可能会发生冲突，这时组织就可以在其中发挥调节功能。从本质上来看，组织就是一个强调各个要素之间必须彼此协作的系统，具有明显的开放性特征，各要素之间有着共同的利益。因此，必须使利益相关者彼此保持稳定的合作关系，只有这样，不同利益相关者的利益才能获得维护，甚至其利益还能实现最大化的目标。

（五）战略选择理论

战略选择理论是一种源自经济学的理论，强调企业可以通过形成联盟的形式提升自己的整体实力,以增强企业竞争力,保持自身在市场中的优势地位。该理论认为管理者应该发挥自己的主观能动性,认为组织及其运作模式并不是自然而然形成的,而是组织决策的产物。管理者的战略选择能够影响组织的发展,甚至可以对组织做出一些重大决策。

环境对组织的发展也能产生影响,一般来说,战略倘若能与环境条件相适应,那么,实施这一战略的企业就能获得更大的效益。不同的环境条件对企业所能产生的影响是不同的,对有些企业来说可能是机遇,而对有些企业来说则可能是挑战。因此,每一个都能希望获得成长与发展的企业,都应该合理地制定并实施战略。

四、体验学习理论

(一) 体验学习的定义

体验学习是指学习者通过对实践活动的练习、观察与内省体察,获得一些知识,并掌握相应的技能,甚至对情感态度与价值观产生一定影响的学习方式。

根据教育学理论,体验学习要求学生通过学习活动将新知识融入已有知识和经验体系,在所营造的情境中感悟自己的内心,实现知识的内化。体验学习是一种综合性的学习方式,是在学生认识、状态、情感等共同的作用下产生的,涵盖了对自然、社会和自我的思考。

根据心理学理论,体验学习事实上是学习者在"认知—理解"后所激发的觉醒意识,可以视为学生对生活深层价值的探求。体验学习是认识与实践的统一,囊括了"直觉—感性认知—理性认知"的全过程。

当学生接受某些知识比较困难时,教师可引导学生通过体验学习的方式去熟悉、感受,并逐渐内化。体验学习常用的方法有:行为学习法——观察他人,获得新的感知;实践法——在实践活动中充分感知、体验知识的发生与发展,从而获得更为深刻的体验等。

(二) 体验学习的特征

1. 亲身参与

体验学习的根本属性即"亲身参与"。亲身参与不仅仅包括行为和活动层面的亲身参与,也包括心理层面的亲身参与。行为和活动层面的亲身参与是一种物质存在意义上的亲身实践,如模拟经营、企业实习、志愿劳动等。心理层面的亲身参与,不需要学习者发生现实世界的行为活动,其可以通过大脑构建自己参与特定事件的场景,如对他人经历的迁移、对自身经历的回忆等。

2. 自我意识

体验学习强调学习活动必须由学习者自己完成,而非依靠他人完成。根据心理学的理论,体验学习是对自我意识的激活。体验学习是学习者通过学习获得体会和感悟的过程。体会和感悟只能由自身产生,因而,学生需要主动探索知识并思考问题,以此才能够从知识中获得属于自己的体验,由此完成对知识的内化。

3. 个体差异

体验学习的亲身参与和自我意识两个特点决定了学习者自身条件的差别会对其体验获得造成较大差别。换句话说,不同的学习者对相同的学习内容也会获得不同的体验。有的学习者通过一次学习体验就能够实现知识的构筑和融合,有的学习者则可能需要数次体验再结合其他助力方能够实现知识的内化。这种个体差异是必然存在的,因而,教育者的针对性教学和个性化培养就尤为重要。

4. 发展变化

体验学习不是一种封闭的、一成不变的学习方式,相反,其具有鲜明的动态发展特性。一方面,体验学习是一个由体验升华为理念、由理念指导行为、由行为获取新体验的循环往复的过程。这意味着,体验在与外部环境的交互过程中,产生新体验,而新体验又会成为更新体验生成的土壤,以此促进其本身的发展变化。另一方面,体验学习是一个逐步推进的过程,其所处的环境、主客体的状态都是不断变化的,教育者和学习者会不断遇到新的问题和情况,并通过问题的处理衍生出新的体验。

(三)体验学习的主要理论

1. 杜威(J. Dewey)的学习理论

杜威认为学习应当是一个融合了体验、观测、理念和行动的具有辩证意义的认识活动。体验促进理念的形成与升华,而理念对体验具有引领作用。观察和衡量能够影响行动的开始和发展,而行动则关乎目的是否能够实现。这些要素统合成为一个整体,共同推动了由体验形成的目的。

2. 皮亚杰(J. Piaget)的理论

皮亚杰对心理学最重要的贡献,是他把弗洛伊德那种随意、缺乏系统性的临床观察,变得更为科学化和系统化,使日后临床心理学有了长足的发展。

皮亚杰认为，体验、概念、反思与行动是发展至成人思维的连续统一体。从婴儿期发展至成人期，即从对世界具体的、现象的视点发展至抽象且建构的视点，从自我中心到反省内化的认识模式。他还强调，科学知识的发展也主要是如此趋势，认为学习过程是个体与环境循环互动的发展过程。该观点与杜威、勒温的学习模式类似。

学习的关键在于对概念或图式的顺应以及同化过程中的双向互动。智力的适应源于这两个彼此联系又对立的"不平衡—平衡—不平衡—平衡"的循环过程，心理发展也由此发生。当同化强于顺应时，个体将环境因素纳入机体已有的图示或结构之中，以加强和丰富主题的动作；而当顺应强于同化时，个体将改变自身动作或图式，以适应环境。从具体到抽象、从自我中心式到反省式的认知发展过程，源于顺应与同化之间的不断转换。这是一系列持续的阶段升级，越往上则有更高层次的认知功能。

3. 威廉·詹姆斯（W. James）

詹姆斯是美国19世纪下半叶的重要哲学家和心理学家，是真正从科学心理学的角度来阐述与研究自我问题的第一人。詹姆斯指出，自我的构成——主我与客我之间的界限是模糊的，强调个人的自我是一个统一的实体，其实也就指出了自我概念实际上起着个人行为自我调节与定向的作用。詹姆斯以"彻底经验主义"批判了传统经验主义以心灵与外部世界的二分法为根基对自我的人为割裂，旨在反对主客二元论，注重意向性。

詹姆斯主张经验主义，将其视为新的哲学真理。他认为，任何事物都是始于并终于持续的经验之中。其激进的经验主义哲学是基于两个平等且辩证联系的认知方式之上的"熟悉性知识"，它源于直接的感知。而"归纳性知识"源于概念的调控。在其激进经验论中，直接的感知是首要的，因为所有概念的意义从其与体验的联系中获得，而概念则可以作为引导个体实践的驱动力。

4. 保罗·弗莱雷（P. Freire）

弗莱雷是一名巴西教育学家，其不认同填鸭式教育，倡导采用提问式教育。弗莱雷提出，人是具象化的、非孤立的存在，离开人的世界不能称为世界。其所主张的提问式教育，强调教师和学生的横向对话，立足人和世界之间的关联，落脚于实际问题，一起思考和行动，进而实现对世界的认识和改造。这一教育主张使教育和现实建立了更为紧密的联系，引导人有目的地进行知识的学习和实践，有利于培养学习者的思辨精神和探索精神。

5. 罗杰斯（C. R. Rogers）的理论

罗杰斯的学习理论的直接来源是他的当事人中心治疗法的创立，最终他便直接把这种方法用到了教学中。罗杰斯认为教育应从学习者心理需要出发，重视其个性及感受。其将学习分为两种类型：认知的（无意义的）和经验的（有意义的）。前者主要是理论知识，后者则是应用性知识，关键区分点是体验式学习满足了学习者的需要。他认为体验式学习所拥有的特质如下：个人卷入、自发的、学习者评价的与对学习者普遍深入的影响力。他认为，体验式学习是个人的改变与成长。每个人都有学习的自然倾向，而教师的角色就在于推动上述学习。

（四）体验学习理论对职业教育的启示

体验学习理论是一种与国际接轨的现代教育模式，符合教育改革的要求和学习认知的发展规律。因而，职业教育对体验学习理念的引入和应用，极具前瞻性和实效性。

1. 认可学习者先前的学习经历

知识体系的构筑是在原有知识的基础上不断增加新的知识。换句话说，知识本身就是一种经验的积累。因而，对新知识的接受不能与此前的学习经验相割裂，认可"先前的学习经历"也是建立在这一认知的基础上。学习者在进入职业教育之前的生活环境、教育层次、工作经验都应当被承认并需要对其进行综合性的评价；而学习者在接受职业教育的过程中，对其所进行的实训、实习和技能考试等也应当给予认可，并分配一定的学分。这是中国职业教育开展立体教育和能力教育的重要措施，能够更为广泛地融合与调度教育资源，将院校教育与社会教育相结合。此外，这一方式还能够为在职人员的深造、弱势群体的自主学习提供便利和机会，提高其职业能力和就业水平，推动全民学习与终身学习的实现。

2. 学校学习与工作学习相结合

随着职业教育的发展，社会对高素质技能型人才的要求越来越高。高校应该要让更多的学生掌握好技能，而体验学习能激发他们对技能的兴趣。学生接受职业技能、掌握职业技能，同时能将职业技能运用在以后的工作中。因此，高校应该以技能为载体，基于"体验学习圈"，探索体验学习在职业教育中的应用。

体验学习理论能够将个人的学习与教育、职业相串联。教与学都不再囿于课堂或院校，职场、家庭都能够成为学习的场所，周围的同事、亲友都可以结成协作学习的共同体。此外，院校教育通常更注重理论教学，其组织的实践教学由于学校本身的功能和场域而无法获得明显的效果，因此，学校教育与现实职业需求始终存在一定的距离。而人们在工作岗位的学习则能够有效弥补学校教育的缺陷。由于场景的真实性和工作需要的具象化，学习者学习能够更具针对性，根据实践寻找理论疏漏，有的放矢地提升自身的工作能力，真正以能力为本位进行学习。因而，职业教育应当将学校学习与工作学习有机结合，推动学习者综合职业素养的有效提升。

3. 围绕职业需求创设实践情境

基于体验学习理论，职业教育院校可在教学活动中增设贴近实际职业岗位的情境教学、实践教育以及实操训练，畅通教师与学生之间的沟通机制。职业教育院校和教师应当对市场和行业要求具有基本把握，并以此为依据确立人才培养目标和教学目标，帮助学生明确学习目的，使学生能够为未来职业发展打好基础。教师应当为学生提供足够的技能提升训练和实践机会，模拟现实的职业情境，使学生能够获得较为真实的职业体验感，并从实践中进一步夯实自己所学的理论知识，学会运用理论解决现实中的问题，这能为其将来步入职业岗位做好理论、技能和心理铺垫。

五、协同论

"协同"一词可溯源至希腊语"Synergetics"，译作"共同工作"，其发源于系统理论的基础理论——自组织理论，并与其他子理论，如耗散结构理论、混沌理论等，共同推动研究者从动态的角度去考量世界。协同理论包含协同效应原理、伺服原理以及自组织原理等三个子系统，这些子系统在运动过程中，能相互影响和作用，自发地从无序、混沌的状态转为有序、清晰状态。

（一）校企协同

校企协同人才培养系统是一个复杂、开放且有组织的系统，与协同理论具有强烈的契合性。[1] "校企协同"强调学校与企业之间要做到资源共享，不同的要素之间应该能实现协同，同时，还应该促进整体目标的达成，这样，1+1>2的协同效应就能实现了。为了促使协同效应目标的达成，应该提前对目标、要素完成协同。在协同中实现不同主体的协调参与，还应该加强资源的整合，最大限度上发挥资源的作用。高校与企业应该建立一个科学的、完善的协同育人生态体系，同时注意满足不同主体的需求，使各主体的利益都能获得保障。

---

[1] 潘浩，张强. 基于协同理论的高职院校校企合作创新模式研究[J]. 创新创业理论研究与实践，2021（1）：194-195，198.

（二）校企合作协同机制

高校与企业应该深入合作，建立协同机制，共享资源，共同发展。校企协同育人系统包含不同的要素，每个要素所能发挥的作用并不一样，因而它看起来非常复杂，当然也比较开放，能与外部环境相互影响。尽管强调协同发展，但必须清楚的是，不同主体往往有着不同的目标。因此，应该对不同要素的目标进行必要的协同，从而保证系统的稳定运行。

1. 协同目标

确立共同的目标是系统中的各个要素之间进行协同合作的重要基础，因此可以说，校企融合非常重要的特征就是确立共同的目标。目前，校企合作的目标一致性主要体现为高校高素质人才培养目标与企业对人才的需求目标相一致，也表现为高校基于行业发展需求培养的人才与行业升级需要的人才相一致。基于此，高校应该积极行动起来，加强高校与企业的合作，围绕企业共同目标，建立合作机制。

2. 协同利益

利益协同是高校与合作企业以及政府相关部门协同管理需要首先处理好的问题。区域内职业教育院校之间存在着教育资源、生源、就业等多方面的竞争，企业作为非教育组织，在与高校合作的过程中能获得人力资源补充、获取由社会声望提升带来的广告效应、获得政府相关税收优惠以及获取优势高校的技术支持等，而高校由于教学需要不得不占用企业生产资源，甚至影响企业正常生产。因此，如何处理好企业与牵头学校、成员之间的利益关系，实现各个子系统，即参与单位的利益最大化，实现"多赢"的目的是校企合作长效发展机制中协同管理的首要问题。这一问题处理不好，势必影响到参与单位的积极性，影响到系统目标的实现。

3. 协同要素共享

校企协同目标的实现需要学校与企业共同的努力，二者要对各大要素进行合理运用，同时还应该建立有效的保障制度。学校与企业可以共同运用的要素主要包括人力资源、技术资源与场地资源等。学校与企业可以使用不同的形式实现人才共育的目标，应该加强合作，通过设置课程体系、考核评价体系等，充分利用人力资源、技术资源、场地资源等开展职业教育教学，从而实现校企真正的协同，也能使产教融合的目标快速实现。

另外，学校与企业还应在技术方面加强合作。比如，可以共同建立研究室，加大研究投入，双方研究人员可以一起交流，共同攻克难题。

4. 协同资源

资源协同，其实质是各子系统或各个部门资源被整合、充分利用的过程，它是发挥协同效应的关键所在。高校与区域内企业的合作，乃至区域性职业教育集团的形成，都为区域内高校之间教育资源的整合、行业企业与学校之间的人力资源开发以及技术服务提供了平台和交易规范，它减少了资源的浪费，大大节约了交易成本，有效提高了职业教育的质量。资源协同是职业教育校企合作组建的重要目的，同时也是其发展的重要手段。可以说，资源协同是高校与企业合作发展中协同管理的重点和主体。有效推进资源协同，不断提高资源利用率，减少资源浪费，是判断职业教育校企合作成功与否的重要标志。

5. 协同共赢

协同效应指的是利用子系统可以更好地实现整体发展目标，从而最大限度上实现"1+1>2"的整体效应。校企合作的根本就是协同共赢，双方要加强合作也要满足自己的需求，达成自己的目标。

首先，高校与企业协同育人的过程中应该探索更加完善的人才培养模式，同时，还应构建更加完善的课程体系，逐步提升教师整体的教学水平。更为重要的是，因为与企业也加强了研究层面上的合作，因此，学校的技术研究水平也实现了显著提高。

其次，在与高校协同育人的过程中，企业能最大限度上挖掘优质的人才资源，也能获得由高校提供的技术服务，这就能帮助企业减少支出，进而增加经济效益。

第三节　职业教育与校企合作的优化策略

一、职业教育校企合作中存在的问题分析

（一）专业与课程设置存在盲目性的情况

对中国职业教育发展现状进行分析，可以发现，不少职业院校对自身职业教育发展情况一无所知，只是盲目地跟风其他院校的职业教育课程设置，没有彰显自己学校的特色。更为严重的是，相关学校设置的课程没有深入了解社会

对人才的需求，这导致学校培养出来的人才一毕业就会面临几乎饱和的就业状态。① 从专业课程设置的角度来看，职业教育课程比较侧重理论课程，实践课程所占的比例并不高，这导致学生过多地从课程中学习理论知识，而未能真正提升自己的实际操作能力。对于学生的长远发展来说，这是极为不利的，非常不利于学生竞争力的增强，也使其很难满足市场的需要。

职业院校确立的人才培养目标应该为培养实践型人才。但现实的情况是，许多院校并未认识到这一点，而是依然重视理论人才培养。在专业与课程设置方面，不少学校也并未从实际出发，这导致课程设置非常盲目。

（二）政府没有加强监管

校企合作模式并不意味着只有学校与企业可以参与其中，政府在其中也能发挥重要作用。首先应该将政府的职能明确下来：第一，明确政府管什么，也就是政府在校企合作中应该对学校与企业的发展进行哪些方面的管理；第二，明确政府哪个部门负责管，从而使学校与企业出现矛盾时可以找到相应的部门调解；第三，明确政府怎么管，政府应该制定合理的管理与监督机制，对学校与企业的合作进行宏观把握。② 从这个方面上来说，政府在校企合作方面应该发挥重要的桥梁作用，对学校与企业展开必要的指导与监督。当前，校企合作的监督工作并不完善，依然存在不少问题，这导致企业参与校企合作的积极性不高。

（三）校企合作的深度、广度不够

职业教育校企合作在中国职业教育领域中的发展时间比较长，但从当前校企合作的广度与深度方面来看，其依然存在发展不足的问题，这导致双方合作无法形成一定的稳定性。

首先，从本质上来看，校企合作是双方利益相结合的结果，一旦某一方在合作的过程中没有获得既定的利益，那么，双方的合作就注定无法长久。

其次，校企合作的实现形式主要为实训基地。在实训基地中，企业往往掌握着更多的权力，这使学校教师与学生在实训基地中被绑缚了双脚，他们无法获得与企业相等的话语权，因而也就跟很难使实训的效果获得保证。高校职业教育开展模式与企业运行机制其实是存在明显差异的，这导致二者在不少方面

---

① 王海燕. 职业教育校企合作中的问题与促进措施探讨［J］. 科教导刊，2021（26）：4-6.
② 王云. 职业教育校企合作中政府管理职能优化研究［J］. 职业教育研究，2019（4）：38-41.

很难实现真正的融合，也导致培养的人才的质量很难获得保证。

（四）政策支持的力度不大

没有足够政策与配套措施支持，这让校企合作企业缺乏一定的规范与要求。企业在校企合作中不容易发现自己的利益点，也片面地认为自己在校企合作中付出的努力无法为学校、社会所认可。就是在这种情况下，企业参与校企合作的积极性不高，这也影响了校企合作的深度，更是在一定程度上阻碍了职业教育前进的脚步。

（五）实践教学条件明显缺乏

职业教育不应该过分重视理论教学，而是应该重视实践教学，强调培养学生的实践能力。职业教育发展的成果受到很多因素的影响，其中，实践教学水平就是比较重要的一个因素，一般来说，实践教学水平越高，职业教育的效果就会越好。不过，从当前高职院校职业教育的发展情况来看，各大院校开展的实践教学效果并不好。

中国政府已经认识到技术人才存在的重大缺口，因而加大了对高职院校的支持，对其投入了大量的资金。但笔者需要指出的是，与高等院校相比，政府对职业院校的支持非常有限，尤其是地方政府，其往往会倾尽全力发展高等院校。这阻碍了高职院校职业教育的发展，尤其是阻碍了其实践教学的发展。

另外，有些高职院校并不重视实践教学，甚至有些校领导会认为投资建立实践教学基地不过是面子工程，是一种严重的浪费。

二、实现职业教育校企深度合作的策略

（一）科学设置专业以及课程

从专业层面上来看，高职院校应该从当地经济发展的实际出发，了解并分析企业对人才的需求，从而合理地设置专业与课程体系，同时，还要分析学校发展的实际，不能紧跟其他院校的发展脚步，要始终保持自己的特色。高职院校可以与企业加强合作，从企业中聘请一批有着较高技能水平的人员，使其能与院校教师一起建立完善的课程体系，建立合理的专业设置机制，从而不断优化高职院校的专业结构，提升人才培养的质量。从课程设置层面上来看，应该重视某些企业的发展以及岗位变化情况，吸引企业能参与校本教材的编制，同时，还应该重视企业现阶段技术、设备的引入，使学校职业教育内容始终能做

到与时俱进，也能使高职院校培养出来的学生更加符合社会的需求。另外，还应该显著提升实践课程在职业教育课程中的比例，能和谐地兼顾理论与实践课程。职业院校可以与企业共同协商实践课程的设置，包括课程设置、实践方式、师资配置等。

（二）政府应成立校企合作决策与执行机构

校企合作过程中，不同职能部门之间肯定存在利益问题，这是不可避免的。倘若政府能够基于问题建立稳定的协调机构，那么，不同的部门之间就能加强有效的沟通，这样，校企合作的效果就能有所保证。中国政府应该发挥积极作用，建立校企合作教育决策与执行委员会等组织机构，搭建平台，统筹规划。[1]

第一，成立校企合作教育决策委员会。委员会的成员主要包括学校领导、各单位主管人员等。不同的部门、领导所要履行的责任与义务并不一样，正是他们的共同努力，校企合作模式才能顺利实施。同时，为了保证校企合作能被有效监督，还应该引入第三方机构。

第二，成立合作交易执行委员会。这一委员会主要由政府职能部门成员组成，当然，第三方机构也可以参与其中。高校一定要注意落实委员会制定的各项政策，同时还应该注意与其他各方加强交流。

（三）加强校企合作的深度、广度

职业教育校企合作双方其实缺乏深入的沟通与合作，这是因为二者的运行机制存在明显的差异，这使校企很难"敞开心扉"，进而使校企合作的过程存在各种各样的问题，也进一步影响了校企合作的效果。

面对这种情况，校企更应该加强交流，共同协商，可以互派人员成立合作管理机构。这一机构的作用主要包括两个方面：第一，能对校企合作过程中存在的各种问题予以解决，也能协调双方的运行机制，能使双方相互理解，积极参与对方的事务。企业应该主动参与院校专业设置与课程体系建设工作，同时，还应该为院校提供更多的可行性建议，从而促使院校能获得长久性的发展。

职业院校应该鼓励教师深入企业，了解企业运行的机制，同时，还应该了

---

[1] 房登科. 高等职业教育校企合作主要问题与长效机制研究 [J]. 现代职业教育, 2021 (45): 210-211.

解企业的实际需求，使其能将自己了解的企业需求带到课堂上，讲解给学生听，让学生明白自己今后努力的方向。教师还应该负责沟通工作，与企业沟通实训的相关事宜，了解学生参加实训的时间与期限等内容。

（四）建立完善的政策机制

校企合作进一步拉近了学校与企业之间的距离，提升了二者的关系层次，使二者的关系不再被定义为一般的社会关系，而是一种十分特殊的生产关系。二者要想维持稳定的关系，就需要一定政策的支持。

目前，校企合作并未深入，多停留在鼓励层面。因此，政府应该行动起来，制定政策，督促企业与学校展开深入合作。例如，对于那些比较积极参与校企合作的企业，政府可以给予他们一定的免税奖励。这样，将会有更多的企业参与进来，学校也能通过利用企业资源获益。

（五）对实践教学条件予以改善

要开展实践教学活动，笔者认为，完善的软硬件设施是必需的。否则，实践教学就是一种空物，没有实际的意义。职业院校在实践教学发展方面存在明显的问题，面对这些问题，笔者认为，可以从以下几个方面解决。

首先，政府应该大力支持职业院校的发展，要加大对职业院校的经费投入，要用一切手段改善并升级职业院校的软硬件措施。另外，有些职业院校会自己探索并开展一些重大项目，对于职业院校的这一操作，政府应该尽最大可能提供必要的支持。

其次，职业院校应该加强实践教学活动的开展，能挖掘并利用校内外的资源，要充分利用各种资源为学生构建良好的学习环境。

最后，企业也应在职业院校实践教学条件的改善上发挥重要作用。当然，校企双方都各有各的利益，但彼此应该多考虑对方。尤其是企业，其应该重视与职业院校的合作，能将自己的资源提供给学校，使职业院校能不断地改善实践教学条件。

（六）改变办学体制

要真正地改变办学体制，笔者认为，可以从以下几个方面着手。

第一，要实现"去行政化"的目标。去行政化并不意味着学校、政府在校企合作方面不再发挥重要作用，而是要对其所具有的行政权力予以规范；要求每一位管理者都能够从不同的方面出发，进行诸多考量，不能为现有体制机制所束缚，而是能大胆地进行办学体制的创新。

第二，建立风险共担机制。校企合作绝对不是一种简单地限于政府、企业与学校方面的事情，这是各方共同努力的事情。因此，所有主体都应该明确自己的责任与义务，都能积极地促成办学体制的变革。

第三，最大限度上改变观念。在新公共服务理论看来，公共管理者的重要性并不仅仅体现在对社会的控制上，而是体现为帮助公民进行利益的表达上。因此，职业院校应该明确自己的责任与义务，能为社会输出更多优质的技能人才。同时，企业应该为学校提供更多的资源，使学生能在求学期间就能提前掌握一些就业技能。

（七）建立多方联动的"共同治理"模式

校企合作是学校与企业共同作用的结果，不过，由于二者的运行机制、追求的利益存在明显的不同，因此，其所认为的全局观也存在显著差异。因此，在实施校企合作模式时，多方应该联动，实现共同治理。

共同治理以利益相关者理论为基础，是一种不同于单边治理的模式。利益相关者理论形成于20世纪60年代，西方国家早有了对它的初步讨论，而直到20世纪80年代，它才在《战略管理：利益相关者管理的分析方法》一书中，由著名学者弗里曼（E. Freeman）明确提出。该理论认为，各利益相关者的投资与关注是所有企业赖以维持的基础，企业所追求的不应只有单一固定的某些主体的利益，而应该关注所有利益相关者的整体利益。[①]

共同治理模式主张各方可以明确表达自己的诉求，但也应该实现不同利益的平衡，从而有效地达成各大利益主体的目标。

第四节 职业教育与校企合作的法治化建设

一、中国职业教育校企合作法治建设存在问题

我国职业教育校企合作过程中还存在许多问题，主要表现为保障双方权利

---

① 胡松良. 利益相关者理论对政府绩效审计的影响[J]. 广西质量监督导报，2021（2）：183-184.

的法律法规较少,双方的利益容易产生冲突。

第一,与法律相配套的实施条例以及相关细则等并未出台,校企合作没有可具体遵循的法则。我国在教育改革过程中一直在不断修改相应的法律法规,但却没有具体的、明确的实施条例与细则。1996年的《职业教育法》就是以宪法与《教育法》为根本出台的法律,也是我国职业教育法治建设的重要标志。我国一直以这一法规为基础发展职业教育,但相关的实施条例与具体细则一直没有明确的表示,因此,各个职业院校的发展充满了不确定性,职业教育校企合作并没有统一的合作准则,这加大了校企合作的实施难度。

第二,校企双方的责任划分并不明确。我国职业教育在推进校企合作模式时,双方的责任划分存在分歧,也导致校企合作存在困难。一方面,校企合作法律行为性质界定不明。学校在与相应的企业进行合作时,与企业签订的是民事合同,法律约束力只限于学校和企业之间,学生、政府、行业等其他相关主体是不在法律限制之下的。另一方面,中国还没有制定与校企合作有关的法律,解决校企合作问题多半依靠的是《教育法》或者《职业教育法》中的某些条文。因此,学校与企业展开合作时所签的协议多半是一些比较笼统的条款,没有真正将双方应该承担的责任、履行的义务落实下来。这就导致在校企合作中出现问题时,双方都会推卸责任,导致出现难堪的局面。校企合作中常常出现的问题有:师生人身意外伤害的维权问题;学生报酬发放的问题;企业的利益保障问题;政府与各个参与校企合作的主体间责任的划分问题等。由于多方的权利与责任划分不明确,各个主体的参与积极性也会受到影响,这将会影响学校和企业长久的合作。

第三,校企双方签订的协议表述比较笼统,实施过程也会因为双方的理解不同出现不同的结果。尽管当前多部法律都有提及校企合作双方的权利和义务,但没有细致的实施条例就导致行为主体执行法规不够规范,企业的主体地位未能得到凸显,学校和企业都未能履行自己的职责。

第四,校企合作保护与制约机制尚不明确。当前,我国职业教育校企合作的具体协议无法明确双方的权利与义务,也没有双方中某一方违反规定如何保护另一方的具体规定,这就导致一方不履行义务时,另一方很难追究责任。另外,学生在实习过程中遭遇了人身损害,其也无法追究学校或者企业的责任。这样不明确的双方协议只是将协议停留在表面上,无法让校企合作实现纵深发展,因此为了后续合作的推进,应该出台相关的法律细则,明确双方的责任,加深双方的信任。

第五,校企合作过程中没有有效的激励和约束机制,双方的前进动力不足。在现行的法律法规中,对校企合作的法律规定极少,且法律条款中出现了大量的"鼓励""倡导""支持"等引导性表述,并未出现强制性的表述,缺乏具体的激励和惩罚条款,双方容易找到字眼中的漏洞,逃避责任。

第六,校企合作没有完善的法律保障与监督机制。一是政府对双方合作的监督机制缺失。校企合作期间,政府应该及时监督双方的合作,积极调解双方的关系,但当前的法律法规并未明确政府的职责,这导致校企合作没有合适的监督机构,双方的合作有限;另外,政府对职业教育的财政资金支持在不断增加,但各个职业院校中对财政的使用流向还有待明确,校企合作力度有待加强。二是企业权责保障机制缺失。各个与教育相关的法律法规中都对校企合作的企业做了很多义务性的规定,且赋予其一定的权利,但在实际生活中,部分企业在履行义务时可能未获取实质性的奖励,在不履行义务时也未获得相应的惩罚。三是行业协调指导监督机制缺失。在校企合作中,学校、企业、政府、行业都是相关的主体,行业更是建设现代职业教育体系的重要力量,但当前的行业并未发挥其真实的作用,也没有明确的责任划分。

二、职业教育与校企合作的法治化体系构建

完善校企合作法治化体系是构建现代职业教育体系的必然要求。[①] 改革开放以来,我国职业教育校企合作政策发展可划分为探索期、形成期、发展期和创新期四个阶段。总结职业教育校企合作发展的经验,多元主体应共同加强校企合作法治化建设。

(一)加强校企合作顶层设计,明确其法律地位

国家要强调立法的作用,同时还应该加强立法,能从法律角度明确校企合作的地位与作用。同时,还应该建立更加完善的校企合作法治化体系。法律中要明确不同主体的责任与义务,要对不同主体在校企合作过程中实施的行为进行合理的监督。各省(市)应以新职业教育法以及《职业学校校企合作促进办法》为基础,尽快制定适合本地实际情况的校企合作法规,使地方职业教育校企合作真正落到实处,从而推动我国职业教育的改革与高质量发展。

(二)明确校企合作法律关系各主体的权利与责任

第一,要将政府的主体地位与责任明确下来。职业教育的发展离不开政府

[①] 刘杨. 职业教育校企合作法治化建设研究[J]. 当代职业教育,2022(5):80-87.

的努力，国内的职业院校都需要获得政府的支持，即使有些职业院校是某一行业人员建立的，但建立者本质上还是国有企业为主的行业集团。从法律层面上来说，职业院校与企业组织都拥有独立的法人地位，这使其在利益取向、社会规则等方面都有着明显的差异，甚至在人才培养理念与模式方面也不一样。这导致它们在看待同一问题时总是会基于不同的角度，因而它们会获得不同的答案。为了进一步弥合二者的差异，政府应该发挥自己的作用，制定相关法律法规。

第二，对职业院校进行准确定位。职业院校包括由国家或民间设立的高等和中等职业学校以及达到特定标准的职业培训机构。在校企合作中，由职业院校的职能性质所决定，其应当居于主体地位，这也意味着职业教育院校应当承担更多的法律责任与义务。职业院校与企业加强合作的过程中，实际上是通过法律确定了其各自的地位、权利和义务，这也让职业院校选择合作伙伴、合作模式，确定合作项目、合作内容、合作时间等提出了更为严格的要求。职业院校应当基于培养具有良好综合职业素养的人才为目标，与合作企业协商制定人才培养纲领及章程，确保校企合作的协同育人能够合法、合理、科学、有效的运转。此外，职业院校在制定合作协议时，应当注意保障师生的合法权利，强化师生对行业规范、职业道德和相关法律法规的认识，强调设备操作的规范性和安全性，加强在企业实训、实习及其他实践过程中的安全保障。职业院校与企业建立的校企合作应当长期稳定，对工学结合的教育项目应当注重社会和市场发展的现实需求，以保障人才培养与输送的连贯性和有效性；建立多渠道、立体化的合作方式。除了加强对学生的输送式培养外，还应当注重提升教学的实务性，邀请或聘请企业专家入校参与课程研发、教研或兼职教师，鼓励本校教师定期进入企业参与职业培训，使学生所接受的职业理论、技能及制度教育与职业现状的衔接更为紧密。

第三，应该对企业与行业的主体地位、责任予以明确。在校企合作中，企业是不容忽视的主体。因此，笔者认为，应该在相关法律中对其做出强制性规定。比如，应该规定清楚企业有给学生提供实习机会的义务，当然，也要给实习学生提供必要的安全保护。如果企业无法很好地履行自己的职责与义务，那么，政府就应该着手对其进行必要的经济处罚。对于那些在校企合作中表现出众的企业，政府应该给予他们一定的鼓励，可以给其减免税收、财政补贴等优惠。职业教育的重要责任人之一也可以是行业，因此，政府应该完善行业法律法规，同时还应该对行业教育进行必要的指导。要使企业明白自己在学生实训过程中的责任与义务。

第四，要对师生权益保障与监督机制予以完善。校企合作过程中可能会出现各种各样的问题，比如，学生在实习过程中可能面临安全问题。因此，应该建立完善的学生实训安全机制。有条件的企业还可以给学生购买意外伤害保险，从而使学校、家长与学生都能安心。

三、立法应适应社会发展的需要

职业教育的立法不仅要关注中国职业教育发展的实际，还应该从其他国家的职业教育发展中汲取经验与教训。当然，笔者需要指出的是，借鉴其他国家的经验是可行的，但不能照搬，要结合中国职业教育发展的实际进行合理的创新，构建具有中国特色的职业教育法律体系。因此，我国在职业教育校企合作法律制度建设过程中，不仅要系统分析发达国家职业教育校企合作法律制度的经验，也要尊重本国职业教育发展的特殊性。[①]

同时，职业教育校企合作立法应该最大限度上满足社会发展的需要。在社会不断发展的过程中，企业也不会停下发展的脚步。职业教育校企合作法律制度往往能将社会需求、企业需求反映出来。因此，应该极大地满足社会需求，能从根本上完善校企合作法律制度，从而有效解决校企合作过程中的各种问题，使各方的关系处于和谐发展中。

四、形成清晰的校企合作"权力清单"

（一）重视"放管服"改革

"放管服"改革是指推动政府权力下放、监管改革与服务优化。政府需要面向新时代的变化，不断转变自身职能。政府在校企合作中应该承担起自身的责任，全面推进依法开展校企合作，帮助学校和企业明确自身的责、权、利，深化"放管服"改革。在具体的操作中，政府可以先帮学校和企业明确自身的职责，不断将自身的权力下放，简化校企合作中需要的项目审批流程，帮助学校和企业争取更大的利益，并积极促进不同企业与学校的合作；政府还可以不断加大监管力度，落实自己的实际行动，提升校企合作的质量；政府还可以从办公室走向学校、走向企业，深入教学一线，了解线下的校企合作项目，了解学生实习的真实感受，了解校企合作过程中存在的问题，并积极寻找解决对

---

① 罗玮琦. 新时期职业教育与校企合作中法律制度建设研究 [M]. 长春：吉林人民出版社，2019：125.

策，为校企合作提供更多便利。

（二）立法应具有针对性

应该加强顶层设计，并保证顶层设计的科学性，只有做到这样，校企合作保证机制的运行才能有所保证。国家应制定详细的法律法规，同时，各地方政府应该以国家政策、法律法规引导发展地区经济，优化地区产业结构，针对性地与地区学校加强合作。这十分有利于解决地区院校与企业在合作过程中存在的问题，也能进一步提升校企合作的质量。

五、进一步加强校企合作

（一）颁布职业教育校企合作促进条例

中国现在还没有形成有关职业教育校企合作的单行法律。从已经颁布的相关法律来看，职业院校的设置标准、实训基地等都是有关学校发展的内部管理内容，并未涉及职业教育领域中的校企合作的深层次内容。比如，没有颁布职业教育校企合作促进条例。

笔者认为，国家应该重视校企合作，应该基于校企合作的现状制定并颁布校企合作促进条例。同时，还应该加强学校与企业合同的签订，以合同的形式明确双方的责任与义务，这有利于保证校企的效果。在促进条例中还应该将校企合作专项资金的用途明确下来，最好可以建立监督资金使用情况的委员会，让它来确保资金使用的合理性。制定并颁布校企合作促进条例，能进一步完善职业教育校企合作立法体系，也能促进职业教育法的实施，更是能为构建完善的职业教育法律制度体系奠定扎实的基础。

（二）企业应深度参与协同育人

为了进一步促进职业教育的高质量发展，应该逐步加强学校与企业的深度合作，同时还要加强人才培养模式变革，使人才培养目标能够与企业岗位需求相一致。教师应该深入企业，了解企业运行的实际情况，从而结合教学内容为学生制订与企业发展相契合的实践选题。构建校企人才双向流动机制，不仅学校教师可以到企业中参观、学习，企业中的相关人员也可以到学校交流，甚至到学校任教。此外，学校与企业还应该加强合作研究工作，促使产品、成果、项目等实现高效的转化。

行业协会是协调学校与企业之间关系的重要媒介。因此，政府在促进校企合作模式实施的过程中，还应该认识到行业协会的重要性，尽可能地下放权力，让行业协会在校企合作中能发挥更大的作用。

（三）加快校企合作政策落地

政府应该积极行动起来，与时代发展的脚步相一致，同时能够直击校企合作的难点与痛点，能利用人工智能技术、大数据技术等建立智能平台。比如，可以在校企合作智能凭条上设置"关键词词库""敏感词词库"，以促进有关校企合作法律法规制度的建立。这能让相关企业可以在最短的时间内获得法律法规信息，也能与学校就相关法律问题进行全面的探讨。另外，国家有关校企合作的政策需要落实，而智慧平台能保证政策落实的质量与效率。

第六章　职业教育国际化实践探索

在全球化不断深入的今天，我国的职业教育也受到全球化的影响变得更加国际化，变得更加专业，形成了更加科学的教育体系。我国的职业教育在刚开始发展的时期，需要不断地探索发展的道路，以摸索出正确的发展途径，这一时期的职业教育不具备国际化特点。在经历了多年的发展后，职业教育的开放度得到提升，它向世界展示了中国职业教育的成果，实现了职业教育的国际化发展。我们需要在坚持中国本土特色的基础上向国际职业教育看齐，推动中国职业教育得到世界上更多人的认可。

第一节　职业教育国际化概述

一、职业教育国际化内涵解读

职业教育国际化是一个循序渐进的动态过程，旨在引导国家间在职业教育领域加强沟通与合作，要求各个不同的国家在保留本土特色的条件下提高职业教育的开放程度，实现资源共享，努力融入国际，向世界展示本国的职业教育成果，为其他国家的职业教育提供可参考的发展路径。职业教育国际化的关键环节是培养具有国际视野的职业人才。

首先，职业教育国际化是经济全球化的重要组成部分。在这样的背景下，我国的职业教育也会被经济全球化所冲击。此后，我国的职业教育都需要考虑经济全球化问题。

其次，职业教育国际化凝聚了高端技能型人才培养的目标。基于此，职业教育国际化培养高端人才，要采用国际职业教育理念，挖掘新的职业教育资源，完善职业教育课程平台体系，这也是国际化办学机制的实践过程。

二、职业教育国际化发展的必然性与必要性分析

(一) 必然性分析

职业教育是以技术和应用为核心的教育类型,注重对受教育者实践技能和应用能力的培养。[①] 对比理论科研的传播速度,职业技术的国际交流无疑更为迅速和便捷。因而,职业教育本身就符合世界传播的条件,其教育的国际化也具有无可争议的必然性。

(二) 必要性分析

在我国教育体系中,职业教育承担着为国家输送职业人才的使命,具有重要的经济价值、政治价值和文化价值。因而,职业教育国际化的必要性也可以从这三个方面进行分析。

第一,经济价值。经济价值是职业教育国际化最直接的价值。通过职业教育国际化,我国可以获得更加先进的职业技术、经验和成果,更有利于我国职业人才专业素养和能力的提升,这为我国的产业升级和经济发展提供了人才储备。此外,职业教育国际化本身就是职业贸易的途径之一,通过教育的引进与输出,能够获取直接的经济效益。

第二,政治价值。职业教育国际化能够对外彰显我国的综合实力,增强我国的国际影响力,继而推动我国在国际上政治目标的实现。

第三,文化价值。职业教育也属于文化教育的范畴,因而,职业教育国际化能够成为连接中外文化的桥梁,成为向世界展示中华文明和现代力量的重要途径。

三、职业教育国际化的内容

(一) 职业教育国际化理念

理念是行动的先导。一定的发展实践都是由一定的先进的思想理念来作为指引的。发展的理念的正确性会直接左右最终的发展结果。对于职业教育国际化来说,只有实现了高等职业教育理念的国际化,革新职业教育的立足点,高

---

① 高海燕. 职业教育国际化发展探究 [J]. 教育与职业, 2019 (8): 32-35.

等职业院校才能走出一条成功的国际化道路。

高职院校应充分了解本校的可用资源和办学优势，利用国际视野来找寻适合本校发展的道路，有计划地推进教育国际化进程，并据此打造自身的个性和魅力。如义乌工商职业技术学院积极发挥义乌世界第一大市场、全球最大的小商品集散中心等优势，以国际化教育为发展导向，形成了"感知中国、梦行浙江、留学义乌"的办学理念，在西班牙、马来西亚等多个国家建立了丝路学院，推进电商孵化中心建设，这为中外中小企业主搭建了交流合作的桥梁。

理念归根结底是由相关的人员制订并付诸实践的。对于高等职业院校的校长和其他办学人员来说，他们要具备长远的目光，以一定的高度制订办学计划，探索如何最大化地发挥国际资源的作用来推动学校的科学发展；对于高等职业院校的一线教师而言，他们要及时了解其他国家研究出的职业教育成果，吸收多元化的国际知识，提高自身的专业素养；对于高等职业院校的学生而言，其必须树立国际化的就业观念，掌握处理国际事务的各项能力。

（二）职业教育国际化人才培养目标

在现代职业教育体系中，职业教育国际化发展占据重要位置。[①]

高等职业教育国际化人才培养目标是使受教育者能够满足社会发展需要，为企业提供优质服务。因此，职业院校应当根据学生国际化发展的目标调整教育内容。职业教育国际化能够培养出高端技能型人才，这样的人才要具有全球化视野，理解国际最新的知识，理解其他国家的文化，具有跨国工作的经验，等等。

（三）职业教育课程国际化

职业教育课程国际化就是要在课程内容中加入来自其他国家的文化，使学生接触其他国家的文化，以具备国际视野。职业教育课程国际化能够培养出大量的国际人才，推动全球经济的发展。

职业教育课程国际化是以课程为核心的国际化，能够实现人才、课程内容以及师资的国际化。第一，职业教育的受教育者要具备国际流动的能力，能胜任其他国家的岗位。第二，高职课程设置以培养学生在国际化和多元化环境中的学习能力、生存能力为目标，包含融入国际通用技术准则、国际新技术资

---

① 杨建新."一带一路"背景下我国职业教育国际化人才培养逻辑思考及实践进路［J］.江苏高教，2023（5）：120-124.

讯、主要国家和地区对技术操作的不同要求等内容，将适应全球化工作的职业素质、职业技能的知识通过课程传授给学生，实现育人效果。第三，教师是实现高职课程国际化的策划者、组织者与推进者，高职院校应采取境外培训、校际交流、入企锻炼等方式提高教师的技术技能素养和国际化育人水平。

（四）职业教育资源国际化

随着国际形势、社会经济、发展定位的多重变化，越来越多的国家开始探索职业教育资源整合路径，建立多主体共同发展、合作互助、有序竞争的全新职业教育系统，以适应社会发展的进程。有些国家已经建立了资源整合构建共生模式下的多元合作主体资源利益共享机制，并利用这一机制将职业教育资源传播出去。

职业教育资源化能够使不同国家的职业院校之间互认学分，使学生能够从其他国家的职业院校中获取教育资源。

随着高等职业教育国际化的推进，在全球范围内公开教学资源的这种做法已被各个国家的职业教育资源所有者纳入议事日程。职业教育资源国际无偿共享形式能够为学生提供一些基础的教育资源，满足学生基础的需求。职业教育资源国际有偿共享形式能够使学生通过资源交换获得所需的教育资源。

四、职业教育国际化的发展趋向

（一）开始形成职业教育引进与输出并行的路线

随着我国改革开放的深入和教育事业的发展，职业教育也逐步呈现出"走出去"与"引进来"相结合的发展路线，也可以说，职业教育国际化本身就是基于我国职业教育与国际职业教育进行交互的产物，而在交互过程中，则必然会发生双方信息的引进与输出。

当前，我国在国际社会愈加活跃，与其他国家的文化、技术、教育交流愈加频繁。职业教育国际化也应当乘着国家对外政策的东风，引进其他国家先进的科研技术成果，如工业产品的生产模式、制作工艺、生产标准、技术研发等；同时，也向其他国家展示我国职业技术的优秀成果，进行职业教育教学经验的交流，提高我国职业教育在国际舞台上的存在感和影响力。这也为我国职业教育院校的人才培养提出了更高的要求，除了常规意义的职业理论和技术教学之外，各院校还应当重视外语及跨文化交际能力、国际行业规范和规则等方面的课程，以开阔受教育者的国际视野，提高其对外交流的能力。

（二）开始构建本土化与国际化双重职业教育培养模式

职业教育国际化并非要求教育者与受教育者摒弃本土职业教育理念和内容，一味照搬国外教育模式和思路。相反，本土职业发展状况始终是职业教育国际化的立足根本。职业教育国际化应当在契合我国国情，尤其是市场和产业需求的前提下，开展具有本土特色的职业教育；同时，与其他国家的职业教育院校、企业寻求合作，以国外有益经验滋养国内职业教育实践，以国内职业教育成果推进与国际职业教育的衔接，推动国内外职业教育双向互动。

第二节　中国职业教育国际化现状

一、对职业教育国际化的目的认识不清晰

职业教育国际化的目的并不是简单地促进学生达到国际就业水准，提高就业率。中国学生在国际中的就业并不容易。我们不应该将职业教育国际化发展当作提高就业率的途径。因此，中国的职业院校应该认识到这一现实情况，清楚认识职业教育国际化的目的。

二、未形成与国际接轨的职业教育理念

当前，中国的职业教育理念相对滞后，尚未实现与国际先进的职业理念接轨。

第一，理论深度不够。当前，中国职业教育所进行的理论研究相对浅显，对已经积累的教育实践经验未能做出更为深刻、科学的理论认识。

其二，实践缺乏质量。中国的职业教育实践，尤其是国际化教育实践，往往只在乎是否开展了某项教育活动，而不注重把握教育活动的品质。

三、组织制度供给缺失

任何事情的发展都需要建立一定的组织和制度，它是职业教育可以实现国

际化发展的重要保障。[①] 但我国现行的职业教育组织和制度并不能支撑职业教育实现高质量的国际化发展，国家层面应该重视这一问题，积极进行相关战略部署。国家和高校应该密切合作，引导学校实现制度化管理，帮助本土学校与国际学校实现交流合作，积极制定针对职业教育的政策指引和制度规范。学校方面应该及时发现自己在组织制度方面的问题，并及时反馈，与国家共同完善相应的制度体系。下面是我国职业教育国际化组织和制度方面存在的主要问题：

一是我国职业教育国际化组织机构设置不规范，出现了部分机构缺失的现象。在全国上百所国家级示范性高等院校中，设置国际化组织管理机构的院校的数量并不多，且不同的院校对国际化组织管理机构的管理不同。部分学校认为国际化组织机构不需要成立专门的管理处，让其附属于校长办公室，并由校长直接进行管理；有的学校设置了单独的办事处、国际交流中心等；还有部分学校直接让二级学院进行管理，让学院管理处履行教学与管理双重职能。

二是职业院校教育国际化发展过程中并无确定的制度规范。绝大多数的职业院校在教育国际化发展过程中并没有可遵循的规章制度，只有少量职业院校有清晰的发展规划和管理制度。职业院校国际化发展过程中应该设置留学生管理制度与规范、中外合作办学实施办法以及外事工作人员管理制度等，并不断发现现实管理中的漏洞，不断完善这一制度规范。

三是职业院校国际化发展过程中的管理人员的专业能力不足，职业院校缺乏合适的国际化管理人才，这也制约了国际化质量的提高。

四、法规支持系统和经费支持系统建设滞后

职业教育国际化过程中，各种制度和体系都需要不断更新，但我国当前的法规支持系统和经费支持系统还比较滞后。

其一，我国已经针对职业教育颁布了部分法律法规，如《职业教育法》《关于加快发展现代职业教育的决定》等，但这些法律法规面向的还是职业教育的整体方向，鲜少有针对职业教育国际化这一单独的方向而制定的法规。因此，我国在这一方向上出现了法规上的"空白"。我国应该针对职业人才的国际化培养制定合适的发展战略与规划，并推进人才培养的法律法规建设工作，不断完善职业资格认证制度体系。

---

① 李瑞林，李正升，张兴涛. 职业教育国际化高质量发展：价值意蕴、现实困境与推进策略[J]. 中共云南省委党校学报，2022（6）：164-172.

其二，当前我国已经在职业教育方面做出了部分改革，并加大了经济支持，但我国在经费规划方面还未建立完善的经费支持系统。我国部分职业院校在发展过程中并没有足够的经费支持其进行国际化发展，这也使职业教育国际化发展进度缓慢，不能获得有效的发展。我国在职业教育国际化发展进程中应该不断完善经费支持制度，不断加大经济投入，不断促进职业教育国际化的蓬勃发展。

五、没有建构高质量的产业协同"走出去"模式

中国职业院校国际化目前的办学模式基本上采取由政府主导的模式，企业的作用没有被凸显出来，更不要说与其他国家联合办学、其他国家的企业参与其中了。因此，中国职业院校应该探索更加多样的教育模式，与其他国家的应用技术类学校联合办学。同时，还应该加强与国内企业、外国企业的合作，从而建构高质量的产业协同"走出去"模式。

六、职业教育国际化教师队伍建设不力

国际化师资队伍是职业教育国际化发展的重要基础。当前的中国职业教育国际化进程中，师资队伍专业人才缺乏，师资队伍建设出现了部分问题。

第一，国际化能力不足。部分职业院校教师并没有国际化双语教学的经验与能力，无法开发合适的国际化课程，不能为学校建设国际化的课程体系，国际学术交流能力比较弱，无法适应国际化的要求。

第二，国际化结构不均。整体来看，中国职业院校大多从国内聘任教师，并未长期聘任外籍教师。

第三节 职业教育国际化品牌建设

一、中国职业教育的国际品牌——鲁班工坊

（一）认识鲁班工坊

中国天津的鲁班工坊是当地有名的职业教育创新平台，是能够体现天津职

业院校办学目标的著名职业教育国际品牌，是中国职业教育取得的重要成果。

鲁班工坊是在吸收了天津本土文化和中华传统优秀文化的条件下经过长期的实践而形成的职业教育品牌。鲁班工坊不仅能够为企业提供创新设备，还能够为学生传授新的技术和新的知识，带领学生了解深厚的中华优秀传统文化，使学生坚定高度的文化自信，培养学生形成高尚的职业品格，从而使学生能够积极学习职业技能，具备国际视野，用国际视野来完成工作。

鲁班工坊是我国职业教育国际合作的重大创新平台，不仅传播中国技术，推动中国企业产品与服务的输出，也将中国职教装备、职教标准、职教方案及中国传统文化向海外推广。[①]

（二）鲁班工坊建设目标与特征

1. 鲁班工坊的建设目标

国家要积极鼓励符合发展条件的学校与相关企业或协会联合，充分结合不同的优势，不断培养合适的人才，不断完善相关的人才培养模式，提升鲁班工坊的建设水平，扩展鲁班工坊的服务功能。国家还要督促学校不断进行相关制度的完善，不断优化学校和企业的合作机制，并根据鲁班工坊的建设需求制定合适的职业教育国际化专业教学标准，并在各大职业院校内宣传并推广鲁班工坊的模式，让鲁班工坊实现可持续式发展。

2. 鲁班工坊建设的特征分析

（1）项目建设品牌化

鲁班工坊这一项目是基于我国国情提出的，是我国职业教育的品牌与形象建设。鲁班工坊的发展进程非常快，主要的原因是鲁班工坊确立了重要的内容体系，采取了围绕创新项目的教育模式；在教学过程中应用国际化教学标准而又不忽视天津本土的特色，两者相辅相成，共同进步；在教学过程中不断更新自身的教学装备，并以中国职业院校技能大赛的赛项装备为重要基础；在鲁班工坊实施之前还应对教师进行专业化的教师培训。在鲁班工坊建设过程中实现了"场地、设备、标准、教材、培训"等全方位的保障，保证了鲁班工坊的质量和品质。

（2）实训装备中国化

鲁班工坊建设过程中，需要不断创新培养模式，不断更新教学方式，并以中国的实训装备为主要教学工具。鲁班工坊的主要目标是培养具备专业技能的

---

① 骆玮. 鲁班工坊特色话语体系的对外传播研究［J］. 职业教育研究，2023（5）：24-28.

人才，实训装备是最重要的教学内容，也是鲁班工坊开展"教""学""训"的最直接载体。鲁班工坊最重要的内容之一就是研究各类中国职业院校技能大赛的竞赛装备，研究我国技术的最新进展，充分传播我国现阶段最先进的技术，并与世界分享我国职业教育发展的新成果，让世界看见中国的技术与装备。在项目推进过程中，我国与其他国家共同选取了合适的技术装备进行研究，不断根据人才培养方案选取合适的技术发展方向，并选取最合适的装备进行课程实训、创新设计与二次开发。

（三）鲁班工坊建设的要求与原则

1. 鲁班工坊建设要求

鲁班工坊采取的教学方式是实训平台与在线课堂相结合的教学模式，能够使教师和学生接触到国外的最新信息；在教学过程中使用工程实践创新项目教学模式，重点培养外国学生的专业技术和素质，锻炼学生的创新思维。国家职教示范区的院校共同商议、制订合适的教学材料、教学计划，并为这一项目输送合适的人才。鲁班工坊的建设基于天津当下的职业教育办学优势，实现了产业、行业、企业、职业、专业的五业联动，实现了政府、行业、企业、学校、科研机构五方的有效互动。在多方的努力之下，打造了一个基于中国职业教育的国际化品牌实施项目。

2. 鲁班工坊建设的原则分析

（1）平等合作原则

鲁班工坊项目旨在加强中国院校与国际化院校的合作，在推进过程中可能会遇到重重阻碍，因此在建设过程中，合作双方需要充分的信任，实现平等合作。

合作过程中，对方需要充分认可我国职业教育现在的发展状况，充分认可我国现有的教学模式和职业教育人才培养方案，并对我国提出的方案给予充分的肯定。合作双方需要共同遴选合作院校，共同商讨合作事宜，并根据双方的现实情况制定合适的项目合作方式、工坊实施路径和教学内容体系，保障鲁班工坊的顺利运行。任何合作都应该基于平等的原则，因此在项目推进过程中一定要保障双方的独立性与平等性。

（2）优质优先原则

鲁班工坊是跨国际的合作，是我国与其他国家之间关于职业教育的联合，也体现着我国职业教育的形象。在构建合作的过程中，既要选择比较合适的境外合作伙伴，也要选择质量比较高的国内院校，要选择能对鲁班工坊有充分信任的学校。鲁班工坊在建设过程中要不断优化布局，完善建设标准，提升建设质量。

鲁班工坊在实施过程中要不断根据合作方的实际情况进行局部的调整，要不断更新自身的教育资源并提供先进的技术装备，保证品牌的正面形象。

在鲁班工坊教学过程中，我国需要提供充分的支持，要为项目实施提供技术、人力与物力支持。在与境外合作的过程中，要求境外学校派优秀的教师来我国职业院校进行系统化、进阶式培训，帮助这些教师了解合作课程的基本状况。之后让这些教师回到本地，结合"空中课堂"并利用鲁班工坊的教学模式、教学标准、教学装备、教学资源等开展本地化教学。另外，每个鲁班工坊一定要保证合作院校之间的紧密联系，双方要不断就教学进行沟通。在鲁班工坊运行过程中，还要构建"过程管理+动态调整"指导机制，要让鲁班工坊发展始终遵循一定的程序结构与运行模式。

（3）因地制宜原则

不同国家的产业发展状况不同，对技术的需求也不同，因此我国职业院校在选取合作伙伴时需要结合不同国家的发展状况以及当地的技术发展水平等进行综合考量，建设具有不同特色的、符合当地需要的鲁班工坊。

现下我国已经建成一些具有不同特色的鲁班工坊。比如，葡萄牙的鲁班工坊主要研究先进的制造业，双方合作开设了工业机器人、自动化技术类的专业等，以培养复合型的制造业人才，它为葡萄牙的企业提供了其所需的高端制造服务。泰国的鲁班工坊针对交通和基础设备制造业，开设了制造基础设备类与铁道建设类的专业。

（四）鲁班工坊的发展策略

1. 利用新技术

国家关于教育的数字化转型及升级行动，极大地加快了职业教育的现代化进程，职业教育的国际化发展应全面响应此行动，开始思考和探索实践数字化转型问题。

在教育数字化发展的时代，许多院校使用互联网来提高教学质量水平，这促进了教育的信息化发展，也给职业教育的国际化发展带来了新的机遇，使得职业教育能够通过互联网平台对外展示教育成果。此外，职业教育也开始重视对学生信息素养的培养，促使我国的学生可以与其他国家的学校展开国际合作。

鲁班工坊不仅会根据各个国家的实际情况来制订人才培养计划，培养数字化人才，使数字化人才适应社会的发展，以推动国家的经济发展，还可以将社会关注的热点问题融入职业教育中，使职业教育的内容更贴近学生的生活，吸引学生的注意力。比如，可以先建立一批鲁班工坊的专业化试点，先在有条件的职业院校推广这一模式，并持续开发优质的数字教学资源，建设优秀的精品课程，上传至"空中课堂"，并努力推进与其他海外学校的合作，在海外学校建设虚拟仿真实训中心。

2. 制定鲁班工坊建设方案

我国应该充分重视鲁班工坊这个国际品牌，利用各个部门的力量和资源来推动鲁班工坊在各个国家的建设，建立健全符合实际的关于鲁班工坊建设的制度体系，明确对鲁班工坊的要求，使责任落实到每个人身上，促进每个建设者积极建设鲁班工坊，从而保证鲁班工坊能够获得长远的发展。参与鲁班工坊的职业学院所在地的政府机构应该积极支持鲁班工坊的建设，并不断联系合适的海外院校，与海外的地方政府联合进行鲁班工坊的建设，并为发展良好的鲁班工坊颁发奖励，让鲁班工坊在发展过程中获得更多认可，保证鲁班工坊的可持续性发展。

3. 加强教育治理

鲁班工坊如果想实现长期发展就要制定合适的管理制度，不断加强教育治理，提升教育质量。鲁班工坊在国际化发展中需要联合境外的地方政府、基金会以及海外华侨等，通过多方力量的联合开展合作，获得最大化的教育成果。

鲁班工坊是基于我国文化建立的品牌，应该与我国其他文化品牌互相合作，共同进步。比如鲁班工坊可以借助海外孔子学院的场地、设施等进行项目的推广，扩大品牌的影响力；孔子学院也可以利用鲁班工坊的硬件资源以及师资力量来推动自身教学模式的创新。鲁班工坊与孔子学院可以互相借鉴，效益叠加，不断升级为境外高质量的学校机构。

4. 加强教学资源建设

鲁班工坊在建设过程中还应该挖掘各个国家的教育资料库，将可用的资料的价值发挥出来，使鲁班工坊的建设更加顺利。鲁班工坊需要大量优质教学资源的支撑，以供学生学习先进的知识。此外，鲁班工坊还要不断研发创新教育课程，为学生提供创新型知识。各大院校的教师与国内外的技术专家要建立合作关系，借助专业人士的力量来建设网络课程，为学生提供优质的课程资源，丰富学生的学识。[1]

---

[1] 杨荣敏. 鲁班工坊建设实践的考量与展望 [J]. 职业教育研究, 2020 (6): 4-9.

5. 坚定走出去的理念

随着经济全球化的发展，国内外的形势发生了翻天覆地的变化，科学技术不断获得新的进展，国际上的产业格局也在加速调整，鲁班工坊项目的扩展一定要坚定走出去的理念，以中国职业教育的发展为重要根基，打造亮眼的国际化名片。在职业教育国际化发展过程中，一定要立足我国传统文化，树立文化自信，并把我国的教育思想贯穿于教育的全过程，并积极宣传我国教育取得的重要成果，传播我国重要的技术突破，让更多海外学校的学生了解我国的真实水平。

鲁班工坊在发展过程中必须要向世界分享我国的教育话语体系与解决方案，实现我国职业教育国际化的高质量的发展。[①] 鲁班工坊应该积极面对当下的时代挑战，要体恤受教育个体的感受，关注微观层面的职业教育发展，也要契合人类命运共同体的理想信念，关注宏观层面的职业教育发展，让我国职业教育国际化发展实现长效、高质量发展。

6. 提升教师的实践能力和双语能力

其一，需要提前对合作方师资力量展开调查，并提升教师的实践能力与语言能力。鲁班工坊在开展过程中会率先对教师进行培训，让合作方教师先了解我国教育的基本特色，并确保其通过基本考核后才能承担鲁班工坊的教学任务。因此，语言能力与实践能力是基本的能力，其需要掌握这些能力才能高质量完成教学任务。在鲁班工坊培训过程中，可以根据各个不同国家的教育特色以及教师的基本情况等进行培训计划的调整，开展有针对性的培训。

其二，还需要同步提升中方教师的双语授课能力和实践操作能力。中方教师在教学过程中面临的情况更加复杂，身上肩负的责任更重，既要面对中方的学生，也要解答海外学生的疑惑，因此，教师必须提升双语授课能力和实际操作能力。

二、广西职业教育国际化品牌建设实践

（一）搭建国际化人才培养交流平台

广西职业教育要想走出国门，实现国际化发展就要搭建国际化人才培养交流平台。我国部分地方的职业院校已经意识到了这一问题，并已经开展了不同的活动。如湖南省为了实现职业教育国际化发展，成立了"中非经贸合作职

---

① 刘晶. 后疫情时代鲁班工坊发展面临的挑战与对策［J］. 天津教育，2022（22）：10-11.

业教育产教联盟"，这一联盟中包括职业院校49家、相关的企业49家、相关的商会4个、三级甲等医院3所，这些院校与机构、协会等团结协作，共同促进了中非经济和贸易合作的长远发展。深圳职业技术学院也在校内成立了联合国教科文组织国际职教全球中心、职业教育计划亚非研究与培训中心等机构和平台，不断优化自身职业教育的品牌，并搭建了不同的合作生态系统。广西职业教育在发展过程中应该积极借鉴不同地方的经验，依托自身的教育资源与地方优势构建多元化的管理机制，联合政府、企业、协会、院校等多元主体共同构建完善的职业教育国际化发展的联合机构，打造"东盟职业教育合作高地"。[1]

（二）制定与国际职业教育接轨的质量标准

课程国际化是培养国际化高素质技术技能人才的主要手段，因此，高职院校必须依托自身的教育资源，不断更新自身的教育体系，让课程设置、教材编写与教学理念向国际化迈进，并将相关行业产品的国际通用标准融入教学内容。各大职业院校应该积极借鉴先进的职业教育理念，构建留学生管理体制机制，利用当下的教学资源与国家政策，充分调动高职院校的主观能动性，扩大职业教育国际化的专业面，培育更多国际化专业人才，提升职业教育的国际化水平。

（三）提升国际化人才培养师资力量

一方面，职业院校应该采取多样的措施提升现有的教师教学水平。如可以组织学校的教师去别的国家进行国际合作或是学习新的知识，使教师能够拓展自己的知识体系，获得教学水平的提升，从而为学生提供更有趣、更实用的课堂内容。

另一方面，广西职业教育的发展还需要不断吸引优秀的人才，要不断吸引一些与现有师资力量互补的高技能人才，以让这些人才提升学校的整体水平。职业院校在建设过程中要不断建立健全教师激励机制，要给予教师更大的自主权，支持教师不断增强自身的能力，让教师可以与其他地区的教师进行学术交流，开阔国际视野，具备国际化教学意识。

（四）探索多元国际化人才培养模式

当下，广西职业教育国际化的发展还面临着诸多困难，职业院校必须根据

---

[1] 杨红秀. 新时期广西高等职业教育国际化的SWOT分析[J]. 高教论坛，2023（6）：82-86.

自身的特点与面临的状况进行发展思路的调整，依托自身的优势和特色探索多元化的国际人才培养模式。

教师可以运用数字化教学平台来开展在线教学，使学生能够在任何地点、任何时间打开手机或电脑，学习新的知识。教师还可以开设自己的公众号，在公众号上发布课程资源，使学生能够在家中就学习到新的课程，这大大便利了学生的学习。教师要利用这些信息技术来培养多元化的国际化人才。

（五）构建国际化人才培养课程体系

广西各个职业院校在发展过程中要根据合作对象的不同开设不同的课程，要培养专业化的人才，构建国际化的人才培养课程体系。如可以开设不同的语言课程，使学生学习一门外语，使学生利用外语与其他国家的人交流，进而学习其他国家的知识；还可以开设广西地域文化课程，通过课程宣传我国的传统文化，释放课程魅力；专业课程需要结合我国最新的科研成果，不断更新最新的科研资料；实践课程要不断联合各大企业，探索校企深度合作的可行性。

（六）政府应加大对职业教育国际化的扶持力度

高职院校在发展过程中会受到多方面条件的制约，因此政府应该加大对职业教育的支持力度，不断为职业教育注入新的力量，为职业教育国际化投入更多经费。政府可以不断引进一些国际项目，在招生、收费、引进外籍师资等方面给予学校一定的支持，制订优惠政策，从而为职业教育国际化发展提供更多政策和制度支持。

当前的广西职业教育出现了发展不均衡的状况，部分经济基础较好的城市职业教育获得了良好的发展，但经济基础较差的城市职业教育发展遇到了不同的问题。政府应该及时觉察这一状况，并积极协调相应的资源，从整体上进行统筹规划，从而为职业教育的均衡发展制定完善的规划。广西政府在推进职业教育国际化进程中应该给予职业院校更大的自主权，以激发学校的发展活力，促进职业教育国际化发展模式的形成。

第四节　国际教育国际化推进策略

一、坚定发展方向

职业教育国际化发展是我国发展职业教育事业的重要指向，我们更应该坚定这一发展方向，促进这一事业的繁荣发展。高职院校的国际化发展应该以国家发展战略为根本，坚持社会主义办学方向，不断更新自身教育系统，始终向着教育强国、人才强国的目标迈进。

一是高职院校国际化发展需要与更多的国家进行合作，这也促使国家需要进一步开放。进一步对外开放是我国产业结构进一步调整和发展的客观需要，也是我国实现国际化发展、建立国际品牌形象的内在要求。[①] 高等职业教育国际化发展对我国国际化发展具有重要作用，可以促使我国技术与技能走出去，可以帮助我国进一步扩大国际影响力。高职院校通过国际化建设，应该积极参与国际竞争，在国际职业教育大环境中引进、借鉴优质资源，实现我国高职教育资源输出，提升我国高职教育的国际影响力和话语权，助力我国高职教育走在世界前列。

二是高职院校国际化发展还要围绕互惠共赢的发展倡议。我国在对外开放过程中逐渐摸索出了属于自己的道路，也基于我国基本情况提出了互惠共赢的倡议，这是我国重要的举措。近些年来，我国职业院校在国际化发展中获得了重要的成果，这得益于我国现在的历史性机遇与大好形势。我国正在大力提倡资源共享的理念，因此，高职院校应该顺应时代形势，站在服务国家战略的高度，科学谋划学校发展策略，助力国家对外经济发展建设；要把学校的国际化建设与国家发展路线结合起来，既借力又助力，提升自身的国际化思维和能力，开阔视野，切实通过国际化进程提升对外开放的广度和深度，积极实现高等职业教育与国家建设的一体化发展。

二、形成国际化办学理念，构建国际化办学考评机制

社会中的企业需要更高质量的人才。因此，职业院校必须提高办学质量水

---

① 汤晓军. 中国高等职业教育国际化研究［M］. 苏州：苏州大学出版社，2021：66.

平，借鉴国际职业教育学校发展的路径，将其与本土实际情况相结合，促使本校的国际化发展。

职业院校必须平衡好国际发展路线与保留本土特色的关系，提高开放程度，在保证本土特色不被磨灭的同时引进先进的国际教学模式，有效提高办学水平。[①] 职业院校还要制订国际化发展的总体计划，了解不同国家的文化，根据其他国家的发展需求制订人才培养计划，从而提高职业教育国际化的针对性。

在职业教育国际化建设进程中，各大高职院校应该建立合适的考评管理制度，采用灵活多样的考核方式，对各个管理部门与教学部门进行考评，督促各个部门进行自我优化。首先，学校在建设考评管理制度过程中，要将职业教育国际化工作的开展作为重要的考评指标，推动各个部门积极参与国际化项目的建设。其次，国际化人才的培养往往基于各个二级学院，因此在考评制度建设过程中要加大对二级学院的关注度，要推动二级学院积极开展国际化交流与合作。最后，师资力量是高职院校国际化办学的重要执行者，学校要将提升教师的国际化教学能力作为教师考评的重要指标。例如，可以将学校教师参加国际化交流项目的数量、出国学习的经历、实践活动开展的质量等作为重要依据，出台多项制度文件，以保证教师教学水平的持续式提升。

三、构建上下联动的组织和制度体系

职业教育国际化并不是一个简单的事件，它是一个整体的、复杂的系统，需要多方面的联动，需要构建上下联动的组织和制度体系。在职业教育国际化进展中，政府要发挥主导作用，从宏观上调控发展进程，指引职业教育国际化的发展方向；还要不断根据我国的发展现状，不断完善相关的法律、法规，让高职院校做到有章可循。

教育主管部门要不断监察各个职业院校的国际化发展状况，要积极探索职业教育发展模式，促进各类职业院校的课程建设、项目服务等的优化。

各个职业院校是国际化发展的重要主体，应该发挥自身的主体作用，不断反馈职业教育国际化发展中存在的问题，不断加大国际化建设的投入，逐渐完善相应的制度体系。

---

① 刘慧. 我国职业教育国际化推进策略研究［J］. 天津职业大学学报，2021（4）：93-96.

四、搭建平台中外合作交流平台

搭建平台是高等职业教育实现高质量发展的重要途径。高职教育需要有好的平台才能实现国际化的进一步发展。因此，高校应该形成平台化发展思维，能在继续发展传统平台的基础上，汇聚多方资源，搭建更多的职业教育平台。同时，高校应该走出去，与企业、政府合作，从而逐步提升自身的教育水平。

第一，根据中国政府设置的留学项目，鼓励学生到其他国家留学，同时也吸引来华留学生，从而有效实现中国学生与其他国家的学生的友好交流。

第二，高校应该重视教师在职业教育中的重要性，组建高水平的教师队伍，同时从校外引入高技能领军人才，拓宽培训项目渠道。

第三，积极举办职业教育大赛、承办职业教育发展大会，从而有效延伸中国职业教育的发展空间。依托中国-东盟教育交流周、东南亚南亚教育合作论坛等，建设交流平台，形成教育交流、技能交流和人文交流品牌。

第四，要进一步扩大中外合作办学机构的规模，逐步提升合作办学项目的质量。国外职业教育发展的时间相对较长，因此，各大高校其实已经积累了丰富的职业教育经验。因此，中国高校应该与国外其他职业教育水平高的学校加强交流，甚至可以合作办学，共同探索与研究。

五、加强师资建设

教育的根本任务是育人。高校应重视教师培养工作的开展，注意培养一批国际视野开阔、能主动参与国际竞争的教师。此外，还应该多鼓励教师吸收国内外先进的教育理念，并使其能将这些理念应用在职业教育中。要确保师资队伍的规模，不仅吸收专业教师、科研人员，而且还要动员高校管理者。政府应认识到推进高职院校教师的国际化发展是当今世界高等教育发展的主流趋势，如今，职业教育学校的教师要具备国际化教育能力才能培养出国际化人才。因此，学校要重视对教师国际化能力的培养。学校要设立专项资金，帮助教师接受专业的国际化培训。职业院校要围绕加强师资建设的目标设立专项计划，设置有针对性的考核标准来激励教师完成国际化培训。

六、输出国际认可的标准和规则

中国高校应该重视打造职业教育品牌，形成统一的发展标准、课程标准，重视教育资源的共享。要在立足本土职业教育发展现状的基础上，结合国际职业教育发展趋势，制定为国际认可的职业教育品牌发展标准。

首先，不管是政府，还是高校，其都应该形成打造职业教育国际品牌的意识，以商业理念来开展职业教育工作。中国现阶段比较著名的职业教育品牌就是来自天津的"鲁班工坊"。在国际中，"鲁班工坊"发挥了重要作用，让其他国家对中国这一制造业大国的形象有所了解，最为重要的是，它显著促进了中国国际话语权的提升。

其次，要主动与跨国企业、国际组织展开合作。积极参与职业教育行业标准的制定，主动在世界舞台展现中国职业教育近些年的发展，主动加入《华盛顿协议》《悉尼协议》等国际工程教育互认体系。

参考文献

[1] 白广明,张养安.职业院校校企合作的实施路径探析[J].科技视界,2022(7).

[2] 柴蓓蓓.信息时代下高等职业教育发展[M].长春:吉林出版集团股份有限公司,2020.

[3] 陈琳,王钧铭,陈松.教育信息化2.0时代的职业教育创新发展[J].中国电化教育,2018(12).

[4] 陈鹏,王晓利."扶智"与"扶志":农村职业教育的独特定位与功能定向[J].苏州大学学报(教育科学版),2019,7(4).

[5] 褚慧敏.农村职业教育在乡村振兴中的使命担当和策略应对[J].河北职业教育,2020,4(6).

[6] [德]马克斯·韦伯.社会学的基本概念[M].北京:广西师范大学出版社,2005.

[7] 房登科.高等职业教育校企合作主要问题与长效机制研究[J].现代职业教育,2021(45).

[8] 高海燕.职业教育国际化发展探究[J].教育与职业,2019(8).

[9] 郭权利.应用型本科专业课程对接职业需求的教学内容设计与实现[J].沈阳工程学院学报(社会科学版),2023,19(2).

[10] 韩佳伶.智慧课堂背景下混合式教学模式改革研究[M].长春:吉林大学出版社,2022.

[11] 何方容.高等职业教育评价改革思路[J].苏州市职业大学学报,2022,33(1).

[12] 何泽奇,韩芳,曾辉.人工智能[M].北京:航空工业出版社,2021.

[13] 胡松良.利益相关者理论对政府绩效审计的影响[J].广西质量监督导报,2021(2).

[14] 环.职业教育高质量发展:特征、基本原则与任务[J].辽宁高职学报,

2023 (2).

[15] 黄婕. 乡村振兴视域下农村职业教育的发展路径研究 [J]. 教育科学论坛, 2023 (24).

[16] 黄荣怀. 智慧教育的三重境界：从环境、模式到体制 [J]. 现代远程教育研究, 2014 (6).

[17] 贾楠. 乡村振兴背景下农村职业教育发展路径探析 [J]. 公关世界, 2023 (5).

[18] 蒋维维, 全海燕. 职业教育教学质量评价体系的构建 [J]. 黑龙江教师发展学院学报, 2023 (10).

[19] 金星霖, 石伟平. 论职业教育与普通教育协调发展 [J]. 现代教育管理, 2022 (8).

[20] 李必新, 唐林伟. 职业教育课程知识分类：依据、形态及表达 [J]. 中国职业技术教育, 2021 (23).

[21] 李冰. 新时代大学生思想政治教育概述 [M]. 长春：吉林大学出版社, 2022.

[22] 李得发, 邵长芬, 吴海燕. 农村职业教育与乡村振兴融合发展的机理与策略研究 [J]. 智慧农业导刊, 2023, 3 (15).

[23] 李铭, 杨雯铃, 秦国锋. 职业教育实践教学评价的问题审思与对策分析 [J]. 职业技术教育, 2023, 44 (2).

[24] 李琪, 李美仪. 职业本科课程内容开发：视角、原则与行动策略 [J]. 职教通讯, 2021 (8).

[25] 李瑞林, 李正升, 张兴涛. 职业教育国际化高质量发展：价值意蕴、现实困境与推进策略 [J]. 中共云南省委党校学报, 2022 (6).

[26] 李晓. 职业教育校企合作的收益边界分析 [J]. 职教论坛, 2018 (9).

[27] 李兴洲. 论职业教育的现代属性和功能 [J]. 北京师范大学学报（社会科学版）, 2021 (6).

[28] 李雅乐, 马钊, 张延宜. 基于职业能力培养的开放教育教学改革与创新研究 [J]. 陕西广播电视大学学报, 2022, 24 (1).

[29] 李延平, 陈鹏, 祁占勇. 我国当代农村职业教育研究 [M]. 西安：陕西师范大学出版社, 2018.

[30] 李镇山. 推进校企合作发展的探究 [J]. 读与写, 2021 (7).

[31] 刘涵. 新时代职业教育教学方法改革创新研究 [J]. 散文百家, 2021 (10).

［32］刘慧．我国职业教育国际化推进策略研究［J］．天津职业大学学报，2021（4）．

［33］刘晶．后疫情时代鲁班工坊发展面临的挑战与对策［J］．天津教育，2022（22）．

［34］刘玲玲，王伟．"一带一路"视域下职业教育开放性发展浅谈［J］．现代职业教育，2018（21）．

［35］刘吕亮．农村职业教育发展策略研究［J］．农村·农业·农民，2022（2）．

［36］刘猛．高等职业教育何以"职冷高热"［J］．教育学术月刊，2018（9）．

［37］刘琴，周哲民，万秋红．类型教育视域下职业教育课程开发的逻辑分析与路径优化［J］．职业技术教育，2022（4）．

［38］刘岩．本科普通教育和职业教育的衔接策略探究［J］．科技视界，2021（2）．

［39］刘杨．职业教育校企合作法治化建设研究［J］．当代职业教育，2022（5）．

［40］罗玮琦．新时期职业教育与校企合作中法律制度建设研究［M］．长春：吉林人民出版社，2019．

［41］罗颖．高等职业教育课程的优化思路研究［J］．牡丹江教育学院学报，2021（11）．

［42］罗自刚．基于资源依赖理论的乡村治理重构［J］．三晋基层治理，2020（1）．

［43］骆玮．鲁班工坊特色话语体系的对外传播研究［J］．职业教育研究，2023（5）．

［44］梅乐堂．职业教育助力乡村振兴研究［J］．教育与职业，2022（17）．

［45］［美］库恩．科学革命的结构［M］．金吾伦，胡新和，译．北京：北京大学出版社，2003．

［46］孟笑飞，赵小彦．高校形势与政策课程智慧课堂建设研究［J］．南昌师范学院学报，2020（6）．

［47］米沿春．浅谈当前的农村职业教育［J］．现代农业，2020（3）．

［48］宁莹莹．现代职业教育理论与实践探索［M］．长春：吉林人民出版社，2021．

［49］潘浩，张强．基于协同理论的高职院校校企合作创新模式研究［J］．创新创业理论研究与实践，2021（1）．

[50] 钱俊．乡村振兴发展战略下农村职业教育的使命及变革［J］．教育与职业，2018（22）．

[51] 任爱珍．课程思政：1+X 证书制度背景下职业教育课程改革的价值引领［J］．当代职业教育，2021（6）．

[52] 尚志超．浅议职业教育教学方法［J］．成功，2019（3）．

[53] 苏庆民．新时代职业教育的使命与教师的革命［J］．山东电力高等专科学校学报，2023（1）．

[54] 谭苏燕．雨课堂在翻转课堂教学中的应用［J］．湖南科技学院学报，2018（1）．

[55] 汤晓军．中国高等职业教育国际化研究［M］．苏州：苏州大学出版社，2021．

[56] 唐鸣．智慧教育引领下的职业教育"三教"改革探析［J］．高等职业教育探索，2020（4）．

[57] 王常华，周益．模块化课程建设的指标体系研究［J］．黑龙江教育（理论与实践），2021（7）．

[58] 王成名，王文兵．基于"四动三起来"理念的高职"精准思政"智慧课堂探析：以思想道德修养与法律基础课程为例［J］．广西教育学院学报，2021（6）．

[59] 王海燕．职业教育校企合作中的问题与促进措施探讨［J］．科教导刊，2021（26）．

[60] 王红亮，高鹏，张俏．校企合作下高职院校现代学徒制理论与实践研究［M］．延吉：延边大学出版社，2022．

[61] 王一岩，郑永和．面向智慧课堂的教育情境感知：价值定位、特征模型与实践框架［J］．电化教育研究，2021（11）．

[62] 王云．职业教育校企合作中政府管理职能优化研究［J］．职业教育研究，2019（4）．

[63] 王振．试论职业教育与普通教育的相互沟通及其策略［J］．吉林工程技术师范学院学报，2020（5）．

[64] 邬跃，李德龙．农村职业教育促进共同富裕的价值意蕴及实现路径［J］．职业技术教育，2023（25）．

[65] 吴海勇．终身职业教育融合发展研究［J］．职业教育研究，2021（8）．

[66] 吴遵民．终身教育研究手册［M］．上海：上海教育出版社，2019．

[67] 习近平．高举中国特色社会主义伟大旗帜 为全面建设社会主义现代化国

家而团结奋斗：在中国共产党第二十次全国代表大会上的报告［EB/OL］.［2022-10-22］. https://finance.sina.com.cn/wm/2022-10-25/doci-mqqsmrp3759875.shtml.

[68] 夏海明. 校企合作育人路径研究［J］. 长沙民政职业技术学院学报，2020（2）.

[69] 肖栋. 现代职业教育体系研究［J］. 现代职业教育，2021（32）.

[70] 谢冬红，靳紫涵，黄勇建. 双线混融教学背景下职业教育课程开发的特征、问题及应对策略［J］. 淮北职业技术学院学报，2023（1）.

[71] 谢凤静. 高等职业教育教学模式研究综述［J］. 牡丹江大学学报，2022，31（4）.

[72] 许旌莹. 网络信息检索与利用［M］. 北京：北京理工大学出版社，2022.

[73] 许瑞. OBE理念在职业教育教学模式中的应用研究［J］. 佳木斯职业学院学报，2022，38（2）.

[74] 杨红秀. 新时期广西高等职业教育国际化的SWOT分析［J］. 高教论坛，2023（6）.

[75] 杨红云，雷体南. 智慧教育 物联网之教育应用［M］. 北京：华文出版社，2016.

[76] 杨建基. 中国职业教育发展及其治理体系研究［M］. 北京：中国商务出版社，2021.

[77] 杨建新. "一带一路"背景下我国职业教育国际化人才培养逻辑思考及实践进路［J］. 江苏高教，2023（5）.

[78] 杨军. 地方高校大学英语进阶式课程体系构建与实践研究［J］. 现代英语，2020（12）.

[79] 杨荣敏. 鲁班工坊建设实践的考量与展望［J］. 职业教育研究，2020（6）.

[80] 于莉，王颖，孙长远. 职业教育校企合作的理论与实践［M］. 长春：吉林人民出版社，2021.

[81] 于万成. 校企合作创新之路［M］. 北京：机械工业出版社，2021.

[82] 余荣宝，陈新文. 职业教育类型化的内涵与特征探析［J］. 教育与职业，2021（1）.

[83] 曾欢，朱德全. 新技术时代职业教育智慧课堂建设的逻辑框架［J］. 中国电化教育，2019（6）.

[84] 张弛，崔玲玲，孙艺铭，雷前虎. 职业教育1+X课程体系的构建研究

[J]. 邢台职业技术学院学报，2020（4）.

[85] 张东良. 职业教育教学方法改革面临的问题与对策 [J]. 文化创新比较研究，2021，5（32）.

[86] 张家勇. 现代职业教育的价值内涵、发展困境与战略选择 [J]. 职教通讯，2020（9）.

[87] 张健，陈清. 职业教育课程目标确认的价值、依据与内涵 [J]. 职教发展研究，2019（1）.

[88] 张静. 中国职业教育理论与实践探索 [M]. 北京：中国经济出版社，2022.

[89] 张琳琳. 我国城市化进程中农村职业教育的目标定位研究 [J]. 成人教育，2019（7）.

[90] 张明新，等. 正在形成的"认知共同体"：内地与台湾公共关系从业者职业认知比较研究 [J]. 新闻与传播研究，2014（2）.

[91] 张攀. 职业教育课程本质观演进的三重逻辑 [J]. 南京开放大学学报，2022（3）.

[92] 张士辉，马志妍. 我国高等职业教育质量保障的发展路径研究 [J]. 兰州石化职业技术学院学报，2021（1）.

[93] 张肖虎. 交易成本理论及其拓展 [J]. 合作经济与科技，2022（19）.

[94] 张瑶祥，何杨勇. 我国职业教育现代学徒制构建中的关键问题分析 [J]. 中国高教研究，2018（7）.

[95] 赵鹏飞，吴琼，杜怡萍，等. 职业能力导向课程及教材开发指南 [M]. 上海：复旦大学出版社，2020.

[96] 周健. 职业教育课程设置的基本原则分析 [J]. 现代职业教育，2020（13）.

[97] 周明星. 藩篱与跨越 高等职业教育人才培养模式与政策 [M]. 武汉：华中师范大学出版社，2018.

[98] 周绍梅，王启合. 基于1+X证书制度的职业教育与培训体系改革 [J]. 教育与职业，2020（7）.

[99] 朱锦龙. 智慧教学平台建设与智慧课堂教学模式研究 [M]. 长春：吉林文史出版社，2021.

[100] 祝士明. 为什么说职业教育与普通教育同等重要 [J]. 职业教育研究，2022（7）.

[101] 祝智庭. 智慧教育引领未来学校教育创变 [J]. 基础教育，2021（2）.